BIBLIOTHÈQUE
DES MERVEILLES

PUBLIÉE SOUS LA DIRECTION

DE M. ÉDOUARD CHARTON

LES NAUFRAGES CÉLÈBRES

DES MÊMES AUTEURS

BIBLIOTHÈQUE DES MERVEILLES

LES MÉTÉORES; 4ᵉ édition. 1 vol. illustré de 23 vignettes par Lebreton.

LES GLACIERS; 3ᵉ édition. 1 vol. illustré de 45 vignettes par E Sabatier.

VOLCANS ET TREMBLEMENTS DE TERRE; 4ᵉ édition. 1 vol. illustré de 62 vignettes par E. Riou.

LES ASCENSIONS CÉLÈBRES; 3ᵉ édition. 1 vol. illustré de 56 vignettes par A. de Bar.

TROMBES ET CYCLONES; 1 vol. illustré de 42 vignettes par de Bérard et Riou.

COLLECTION HETZEL

LES TEMPÊTES ; 4ᵉ édition.

HISTOIRE DE LA NAVIGATION; 2ᵉ édition.

LE MONDE SOUS-MARIN; 2ᵉ édition.

GÉOGRAPHIE PHYSIQUE par Maury, traduit de l'anglais ; 3ᵉ édition.

LE MONDE OU NOUS VIVONS, leçons de Géographie, par Maury, traduit de l'anglais.

BIBLIOTHÈQUE UTILE

LES PHÉNOMÈNES DE LA MER; 3ᵉ édition.

LES PHÉNOMÈNES DE L'ATMOSPHÈRE ; 3ᵉ édition.

TÉLESCOPE ET MICROSCOPE.

BIBLIOTHÈQUE FRANKLIN

LA PRÉVISION DU TEMPS.

Typographie Lahure, rue de Fleurus, 9 à Paris.

BIBLIOTHÈQUE DES MERVEILLES

LES NAUFRAGES CÉLÈBRES

PAR

ZURCHER ET MARGOLLÉ

TROISIÈME ÉDITION

REVUE ET AUGMENTÉE

OUVRAGE ILLUSTRÉ DE 30 VIGNETTES
PAR JULES NOËL

PARIS

LIBRAIRIE HACHETTE ET Cie

79, BOULEVARD SAINT-GERMAIN, 79

1877

PRÉFACE

—

En choisissant dans les nombreux documents relatifs à l'histoire des naufrages les relations dont ce volume est composé, nous avons surtout cherché à réunir les principaux récits donnés par les acteurs mêmes des émouvantes scènes que nous avions à retracer. Ces récits, dans leur éloquente simplicité, n'attachent pas seulement par un intérêt dramatique que peu de fictions égalent; au milieu de navrants épisodes, ils offrent des exemples multipliés de courage et de dévoue-

ment, d'énergique persévérance, qui font appel
aux plus généreux sentiments, aux plus nobles
aspirations, et suscitent en nous ces forces mo-
rales dont le développement est étroitement lié
au progrès des sociétés humaines.

LES NAUFRAGES

CÉLÈBRES

I

NAUFRAGE DE LA FLOTTE DE XERXÈS

Hélas ! hélas ! notre flotte,
Hélas ! hélas ! nos vaisseaux ont péri.

Eschyle, *les Perses.*

Pendant que Xerxès se disposait à partir pour Abydos, on travaillait à construire des ponts sur l'Hellespont, afin de passer d'Asie en Europe.

Ceux que le roi avait chargés de ces ponts les commencèrent du côté d'Abydos et les continuèrent jusqu'à la côte fort rude qui s'avance dans la mer vis-à-vis de ce point : les Phéniciens, en attachant des vaisseaux avec des cordages de lin ; et les Égyptiens, en se servant pour le même effet de cordages d'écorce de byblos. Or, depuis Abydos jusqu'à la côte opposée, il y a un trajet de sept stades. Ces ponts achevés, il s'éleva une affreuse tempête qui rompit les cordages et brisa les vaisseaux.

A cette nouvelle, Xerxès indigné fit donner dans sa colère trois cents coups de fouet à l'Hellespont, et y fit jeter une paire de ceps. J'ai ouï dire qu'il avait aussi envoyé, avec les exécuteurs de cet ordre, des gens pour en marquer les eaux d'un fer ardent. Il fit ainsi châtier la mer, et l'on coupa la tête à ceux qui avaient présidé à la construction des ponts.

Ceux qu'il avait chargés de cet ordre barbare l'ayant exécuté, il employa d'autres entrepreneurs à ce même ouvrage. Voici comment ils s'y prirent : ils attachèrent ensemble trois cent soixante vaisseaux de cinquante rames et des trirèmes, et de l'autre côté trois cent quatorze. Les premiers présentaient le flanc au Pont-Euxin, et les autres, du côté de l'Hellespont, répondaient au courant de l'eau, afin de tenir les cordages encore plus tendus. Les vaisseaux ainsi disposés, ils jetèrent de grosses ancres, partie du côté du Pont-Euxin, pour résister aux vents qui soufflent de cette mer, partie du côté de l'occident et de la mer Égée, à cause des vents qui viennent du sud et du sud-est. Ils laissèrent aussi en trois endroits différents un passage libre entre les vaisseaux à cinquante rames, pour les petits bâtiments qui voudraient entrer dans le Pont-Euxin ou en sortir.

Ce travail fini, on tendit les câbles avec des machines de bois qui étaient à terre. On ne se servit pas de cordages simples, comme on avait fait la première fois, mais on les entortilla, ceux de lin blanc deux à deux, et ceux d'écorce de byblos quatre à quatre. Le pont achevé, on scia de grosses pièces de bois suivant la longueur du pont, et on les plaça l'une à côté de l'autre sur les câbles, qui étaient bien tendus. On les joignit ensemble, et, lorsque cela fut fait, on posa dessus des planches jointes les unes avec les autres, et puis on les couvrit de terre qu'on aplanit. Tout étant fini, on pratiqua de chaque côté une barrière, de crainte que les chevaux et autres bêtes de charge ne fussent effrayés en voyant la mer.

Les ponts achevés, ainsi que les digues qu'on avait faites aux embouchures du canal du mont Athos [1], afin d'empêcher le flux d'en combler l'entrée, le canal même étant tout à fait fini, on en porta la nouvelle à Sardes, et Xerxès se mit en marche. Tandis qu'il était en route, le soleil quittant la place qu'il occupe dans le ciel, disparut, quoiqu'il n'y eût point alors de nuages, et la nuit prit la place du jour. Xerxès, inquiet de ce prodige, consulta les mages sur ce qu'il pouvait signifier. Les mages lui répondirent que le dieu présageait aux Grecs la ruine de leurs villes, parce que le soleil annonçait l'avenir à cette nation, et la lune à

---

[1] Ce canal, percé dans l'isthme qui joint le mont Athos au continent pour favoriser le passage de la flotte de Xerxès, avait été creusé par des détachements de tous les corps de l'armée perse, contraints au travail à coups de fouet.

la leur. Xerxès, charmé de cette réponse, se remit en marche.

Le jour même de leur arrivée à Abydos, les Perses se préparèrent à passer le pont. Le lendemain, ils attendirent quelque temps pour voir lever le soleil. En attendant qu'il se levât, ils brûlèrent sur le pont toutes sortes de parfums, et le chemin fut jonché de myrte. Dès qu'il parut, Xerxès fit avec une coupe d'or des libations dans la mer, et pria le soleil de détourner les accidents qui pourraient l'empêcher de subjuguer l'Europe avant que d'être arrivé à ses extrémités. Sa prière finie, il jeta la coupe dans l'Hellespont avec un cratère d'or et un sabre, à la façon des Perses. Je ne puis décider avec certitude si, en jetant ces choses dans la mer, il en faisait un don au soleil, ou si, se repentant d'avoir fait fustiger l'Hellespont, il cherchait à l'apaiser par ces offrandes.

.... L'armée de terre montait en total à dix-sept cent mille hommes. Voici comment se fit le dénombrement. On assembla un corps de dix mille dans un même espace, et les ayant fait serrer autant qu'on le put, l'on traça un cercle alentour. On fit ensuite sortir ce corps de troupes, et l'on environna ce cercle d'un mur à hauteur d'appui. Cet ouvrage achevé, on fit entrer d'autres troupes dans l'enceinte, et puis d'autres, jusqu'à ce que par ce moyen on les eut toutes comptées. Le dénombrement fait, on les rangea par nations.

Le nombre des vaisseaux était de douze cent sept. Les Perses, les Mèdes et les Sardes combattaient sur

tous ces vaisseaux, dont les meilleurs voiliers étaient
phéniciens, et principalement ceux de Sidon.

.... Tandis que les Grecs portaient en diligence du
secours aux lieux qu'ils avaient ordre de défendre,
les Delphiens inquiets et pour eux et pour la Grèce,
consultèrent le dieu. La Pythie leur répondit d'adres-
ser leurs prières aux vents, qu'ils seraient de puis-
sants défenseurs de la Grèce. Les Delphiens n'eurent
pas plutôt reçu cette réponse, qu'ils en firent part à
tous ceux d'entre les Grecs qui étaient zélés pour la
liberté ; et comme ceux-ci craignaient beaucoup le
roi, ils acquirent par ce bienfait un droit immortel à
leur reconnaissance. Les Delphiens érigèrent ensuite
un autel aux vents à Thya, où l'on voit un lieu consa-
cré à Thya, fille de Céphise, qui a donné son nom
à ce canton, et leur offrirent des sacrifices. Ils se les
rendent encore actuellement propices en vertu de cet
oracle.

.... L'armée navale des Perses ayant abordé au
rivage de la Magnésie, située entre la ville de Cas-
thanée et la côte de Sépias, les premiers vaisseaux se
rangèrent vers la terre, et les autres se tinrent à l'an-
cre près de ceux-là. Le rivage n'étant pas, en effet,
assez grand pour une flotte si nombreuse, ils se te-
naient les uns à la suite des autres, la proue tournée
vers la mer, sur huit rangs de hauteur. Ils passèrent
la nuit dans cette position. Le lendemain, dès la pointe
du jour, après un temps serein et un grand calme, la
mer s'agita ; il s'éleva une furieuse tempête, avec un
grand vent de nord-est, que les habitants des côtes

voisines appellent *hellespontias* (vent d'Hellespont).
Ceux qui s'aperçurent que le vent allait en augmen-
tant, et qui étaient en rade, prévinrent la tempête, et
se sauvèrent ainsi que leurs vaisseaux, en les tirant à
terre. Quant à ceux que le vent surprit en pleine mer,
les uns furent poussés contre ces endroits du mont
Pélion qu'on appelle Ipnes (Fours) ; les autres contre
le rivage ; quelques-uns se brisèrent au promontoire
Sépias ; d'autres furent portés à la ville de Mélibée ;
d'autres enfin à Casthanée, tant la tempête fut vio-
lente.

On dit qu'un oracle ayant répondu aux Athéniens
d'appeler leur gendre à leurs secours, ils avaient, sur
l'ordre de cet oracle, adressé leurs prières à Borée.
Borée, selon la tradition des Grecs, épousa une Athé-
nienne, nommée Orithye, fille d'Érechthée. Ce fut,
dit-on, cette alliance qui fit conjecturer aux Athé-
niens que Borée était leur gendre. Ainsi, tandis qu'ils
étaient avec leurs vaisseaux à Chalcis d'Eubée pour
observer l'ennemi, dès qu'ils se furent aperçus que la
tempête augmenterait, ou même avant ce temps-là,
ils firent des sacrifices à Borée et à Orithye, et les
conjurèrent de les secourir, et de briser les vaisseaux
des barbares, comme ils avaient été auparavant brisés
aux environs du mont Athos[1]. Si, par égard pour leurs
prières, Borée tomba avec violence sur la flotte des
barbares, qui était à l'ancre, c'est ce que je ne puis

---

[1] Tandis que la flotte de Darius doublait cette montagne, il s'éleva un
vent du nord qui maltraita beaucoup de vaisseaux et les poussa contre
la côte ; il en périt 300, suivant Hérodote, et plus de 20,000 hommes.

dire; mais les Athéniens prétendent que Borée, qui
les avait secourus auparavant, le fit encore en cette
occasion. Aussi lorsqu'ils furent de retour dans leur
pays, ils lui bâtirent une chapelle sur les bords de
l'Illissus.

Il périt dans cette tempête quatre cents vaisseaux,
suivant la plus petite évaluation. On y perdit aussi
une multitude innombrable d'hommes, avec des ri-
chesses immenses. Les commandants de la flotte, crai-
gnant que les Thessaliens ne profitassent de leur dé-
sastre pour les attaquer, se fortifièrent d'une haute
palissade qu'ils firent avec les débris des vaisseaux,
car la tempête dura trois jours. Enfin les mages l'apai-
sèrent le quatrième jour, en immolant des victimes au
vent, avec des cérémonies magiques en son honneur,
et outre cela par des sacrifices à Thétis et aux Néréi-
des, ou peut-être s'apaisa-t-elle d'elle-même [1].

[1] Hérodote, *Histoire de la lutte entre les Grecs et les barbares.*

II

Il n'existe dans l'histoire de l'Angleterre aucun fait maritime dont l'importance puisse être comparée à la destruction de la flotte espagnole envoyée, en 1588, par Philippe II, pour conquérir le royaume d'Élisabeth. Jamais nos voisins d'outre-mer ne coururent un plus grand danger et ne déployèrent une constance plus courageuse. Ajoutons qu'ils ne furent jamais plus visiblement favorisés par la fortune.

Une rivalité politique envenimée par les dissentiments religieux préparait depuis longtemps la guerre entre le roi d'Espagne et la reine d'Angleterre. Les négociants des deux pays se disputaient depuis un demi-siècle les marchés du monde; les Espagnols avaient pour eux une supériorité maritime depuis longtemps acquise; les Anglais une activité plus jeune et une ambition inassouvie.

Quant aux chefs des deux nations, ils apportaient

dans cette lutte l'acharnement de convictions absolues. Si Philippe d'Espagne représentait le catholicisme le moins tolérant, Élisabeth d'Angleterre personnifiait le protestantisme le plus exclusif. Tandis que le premier livrait les hérétiques à l'inquisition en déclarant « qu'il porterait les fagots pour brûler son propre fils, s'il trempait seulement un pied dans l'hérésie, » l'autre condamnait à la prison et à l'amende quiconque assistait une seule fois à la messe, et frappait l'oubli de la moindre pratique protestante d'une amende de *vingt livres par mois*. Elle avait en outre établi une commission d'ecclésiastiques anglicans, chargés de prononcer sur toutes les opinions religieuses, et autorisés à employer l'emprisonnement et la torture.

On comprend la répulsion que devaient éprouver l'un pour l'autre deux souverains aussi opposés et aussi tyranniques dans leurs croyances respectives.

Des griefs politiques vinrent se joindre à ces motifs d'hostilité. Dès 1578, l'amiral Drake avait ravagé les côtes du Pérou, et, un peu plus tard, Philippe avait soudoyé les troupes que le duc de Parme conduisit aux rebelles d'Irlande. En 1585, des escadres anglaises avaient attaqué, sans déclaration de guerre, Saint-Domingue et Carthagène. Une année plus tard, Drake insulta Lisbonne et détruisit, à Cadix, une flotte entière de navires de transport. Tant d'injures appelaient une vengeance; Philippe voulut y répondre par la conquête de l'Angleterre.

Malgré la perte des Pays-Bas, c'était encore le plus

puissant prince du monde. Non-seulement il possédait les Espagnes, Naples, la Sicile, le duché de Milan et la Franche-Comté, mais il commandait à Tunis, à Oran, au cap Vert et aux îles Canaries, et possédait plus de la moitié de l'Amérique.

Il équipa pour son expédition contre l'Angleterre la flotte la plus formidable qu'on eût vue jusqu'alors sur l'Océan : elle comptait vingt-deux mille hommes de débarquement, distribués sur cent cinquante-deux vaisseaux, et devait prendre en Flandre vingt-cinq mille vieux soldats, commandés par Alexandre Farnèse. Enfin douze mille Français étaient réunis en Normandie pour se joindre à eux.

La flotte avait pris le nom ambitieux de l'*Invincible Armada*.

Malheureusement ce gigantesque armement avait entraîné des délais. L'Angleterre eut le temps de se mettre en défense. Élisabeth parcourut son royaume pour encourager le peuple à la résistance. Le besoin d'animer les esprits fit créer le premier journal qui ait paru en Angleterre, l'*English Mercury*. On conserve encore au Musée britannique un exemplaire de cette curieuse publication, imprimée en lettres romaines. La reine réunit au camp de *Tilbury* tous les soldats qu'elle put rassembler, en passa la revue à cheval et déclara qu'elle marcherait elle-même à l'ennemi.

Les quinze mille matelots que possédait l'Angleterre furent embarqués sur cent quatorze navires, dont le plus fort n'était que de trois cents tonneaux. Un seul, nommé le *Triumph*, portait quarante canons.

Mais cette escadre, à laquelle manquait la force maté-
rielle, avait la force intelligente, qui peut seule faire
valoir l'autre, et qui souvent la remplace. Elle était
commandée par les meilleurs marins du temps : Drake,
Hawkins, Frobisher et Charles Howard. Les Hollan-
dais, de leur côté, avaient équipé quatre-vingt-dix na-
vires, qui furent, pour la flotte anglaise, de très-utiles
auxiliaires.

L'*Invincible Armada* devait avoir pour amiral le
marquis de Santa-Cruz; mais il mourut pendant les
préparatifs, et le commandement fut donné au duc
de Medina-Sidonia, marin de cour, dont la présomp-
tion égalait l'ignorance. Santa-Cruz avait recommandé
de s'assurer un port en cas de tempête ou d'échec, et
le duc de Parme proposa de s'emparer de Flessingue;
mais le nouvel amiral déclara la précaution inutile,
et il appareilla le 19 mai 1588.

Philippe le vit partir le cœur enorgueilli des plus
hautes espérances, bien que le souvenir du passé eût
dû le rendre moins confiant. De tout temps la mer lui
avait été ennemie. Outre l'expédition de Medina-Celi
contre Tripoli, dont le résultat avait été si funeste, il
avait vu, en revenant des Pays-Bas, une escadre en-
tière broyée par la tempête, presque sous ses yeux, et
la précieuse collection de tableaux recueillie par Char-
les-Quint, en Flandre et en Italie, disparaître sous les
flots. L'*Invincible Armada* ne fut pas plus heureuse;
accueillie par un ouragan à la hauteur du cap Finis-
tère, elle perdit plusieurs vaisseaux sur les côtes de la
Galice et de la France. Un prisonnier anglais, qui fai-

sait partie de la chiourme d'un des navires, excita ses compagnons à la révolte, s'empara du bâtiment qu'il montait, en attaqua deux autres qu'il prit à l'abordage, et gagna un port de France.

La flotte, désemparée et déjà revenue de son orgueilleuse assurance, se réfugia dans la rade de la Corogne, où elle passa trois semaines à réparer ses avaries.

Ce premier désastre fut annoncé à Élisabeth comme la destruction complète des ennemis, et elle ordonna aussitôt le désarmement des vaisseaux anglais. Par bonheur, Charles Howard tarda à lui obéir, et l'on apprit la réapparition de l'escadre espagnole.

Victime encore une fois de l'ignorance de ses pilotes, elle avait pris le cap Lizard pour celui de Ram, près de Plymouth. Elle perdit du temps à poursuivre quelques vaisseaux anglais qui lui échappèrent, et se dirigea enfin vers la France et la Flandre, où elle allait prendre les deux corps d'armée avec lesquels devait s'accomplir la conquête de l'Angleterre. Mais sa marche était lente et inégale; poursuivie par l'ennemi, dont les bâtiments légers la harcelaient, elle vit son arrière-garde coupée le 21 juillet. L'amiral fut forcé de l'attendre pour la dégager. Au bout de six jours, l'*Invincible Armada* n'avait pu encore atterrir au port flamand; elle alla imprudemment jeter l'ancre près de Calais.

La côte lui était inconnue, le ciel annonçait un prochain ouragan. Au milieu de la nuit, des brûlots lancés par les Anglais vinrent tomber au milieu de l'escadre. Les capitaines effrayés coupèrent leurs câbles

et s'efforcèrent de gagner la haute mer. Dans cette
manœuvre précipitée, plusieurs navires s'abordèrent ;
le lendemain, la flotte entière se trouva dispersée le
long de la côte de Calais à Ostende ; les vaisseaux an-
glais l'attaquèrent sur plusieurs points, mais princi-
palement dans la direction de Gravelines. Le vent se
déclara contre les Espagnols, qui perdirent des navires
sur les bas-fonds des bouches de l'Escaut.

Cependant le peu de forces des Anglais permit à la
plus grande partie de l'*Armada* d'échapper à ce nou-
veau péril ; bien qu'elle eût perdu quinze vaisseaux
et près de cinq mille hommes, elle était encore assez
forte pour tenir tête à l'ennemi. Le duc de Médina-
Sidonia ne montra pas plus de résolution qu'il n'avait
montré d'habileté. Il donna l'ordre de la retraite, et,
pour mieux éviter ses adversaires, il voulut doubler
les Orcades.

Une fois engagé dans ces mers orageuses et igno-
rées, sa perte était certaine. Une tempête jeta dix-
sept navires sur la côte d'Irlande, où tous les Espa-
gnols qui purent gagner la terre furent massacrés.
Beaucoup d'autres vaisseaux furent brisés sur les ro-
chers des îles écossaises ; enfin, lorsque l'*Invincible
Armada* put atteindre le port de Saint-André, elle
était réduite à quarante-six navires ! Il fut établi que
l'expédition entraîna pour l'Espagne une perte de cent
vingt millions.

En apprenant cette nouvelle, Philippe se contenta
de dire : « J'avais envoyé combattre les Anglais et non
les tempêtes ; que la volonté de Dieu soit faite ! »

Il fit ordonner ensuite des prières d'actions de grâce pour remercier le ciel de ce que quelques vaisseaux avaient échappé, et il écrivit au pape ces paroles remarquables : « Saint-Père, tant que je resterai maître de la source, je regarderai comme peu de chose la perte d'un ruisseau; je remercie l'arbitre suprême des empires qui m'a donné le pouvoir de réparer aisément un malheur que mes ennemis ne doivent attribuer qu'aux éléments qui ont combattu pour eux. »

La joie des Anglais fut proportionnée au danger qu'ils avaient couru. Ils célébrèrent leur victoire par une fête que l'on a comparée aux triomphes romains. Une médaille fut frappée avec cette légende : « *Dux femina facti :* Une femme a tout conduit; » mais le doyen de Saint-Paul fit sentir adroitement à la reine l'orgueil impie de cette inscription en prenant pour texte du sermon qu'il prononça à cette occasion le verset : « *Nisi Dominus custodierit civitatem :* Que serait devenue la cité, si Dieu ne l'eût gardée? » Élisabeth comprit la leçon et fit frapper une seconde médaille avec la légende : « *Afflavit Deus et dissipantur :* Dieu a soufflé, et ils ont été dispersés. »

Une tapisserie du temps d'Élisabeth, conservée au Parlement et brûlée lors du dernier incendie, représentait également la destruction de l'*Invincible Armada*.

Tous les poëtes du temps célébrèrent *ce jugement de la droite du Seigneur*, et les chansons populaires en ont conservé le souvenir. Quelques couplets de l'une de ces dernières ont été recueillis et publiés parmi les ballades maritimes de l'Angleterre.

Naufrage des vaisseaux de l'Armada (1588).

« — Mousse, combien sont-ils de navires sur la mer, et combien vois-tu de grands pavillons? — Maître, ils sont autant que les moules sur le rocher, et il y a chez eux plus de pavillons de soie que de bonnets de matelots sur notre flotte.

« Ils ont autant de rames que les poissons de la Manche ont de nageoires, et autant de canons que notre virginale reine porte de perles dans les grands jours ; leurs matelots sont aussi nombreux que les grains de sel sur un quartier de bœuf d'Irlande.

« . . . .

« — Mousse, que vois-tu venir là-bas contre eux?

— Maître, je vois les petits vaisseaux de l'Angleterre qui accourent en battant des ailes comme des oiseaux de mer. — Et que vois-tu encore après? — Je vois nos bons amis les vents et nos grand'mères les vagues salées.

« . . . .

« — Mousse, que vois-tu maintenant sur l'Océan? — Maître, je vois les débris des navires espagnols qui fument comme des mottes de terre qu'on brûle dans les champs ; je vois les flots qui roulent des pavillons de soie, des canons et des matelots, au teint de cuir. — Et plus loin, plus loin? — Plus loin, maître, je vois le drapeau de la glorieuse Angleterre qui se promène seul sur la mer, comme le soleil dans les cieux[1]. »

----

[1] *Magasin pittoresque,* tome XVII.

III

NAUFRAGE DE LA FRÉGATE ANGLAISE LE SPEEDWELL

JOURNAL DE JEAN WOOD

Les premiers explorateurs des régions polaires fu-
rent les baleiniers, qui poursuivaient leur proie de
refuge en refuge, jusque dans les parages où les céta-
cés trouvaient un abri derrière les banquises de glace.
Un intérêt commercial très-important poussa d'autres
navigateurs dans les mêmes mers. Ces marins cher-
chaient à découvrir au delà des limites boréales de
l'Asie et de l'Amérique un passage pour atteindre les
riches contrées de l'Inde et de la Chine. Ils avaient à
résoudre un problème difficile auquel il n'a été donné
que récemment une réponse purement géographique,
car on a reconnu en même temps l'impossibilité de se
servir des routes trouvées pour la circulation suffisam-
ment facile exigée par un trafic régulier.

Les premières tentatives du côté nord-est ont été

faites par les Hollandais, parmi lesquels l'habile et courageux capitaine Barentz a surtout acquis un grand renom[1]. Il périt dans sa troisième expédition, après avoir débuté par la découverte du Spitzberg. Sur les côtes de la Nouvelle-Zemble, les glaces bloquèrent son navire de telle sorte qu'il fut obligé de l'abandonner. Il se réfugia avec son équipage dans deux embarcations non pontées, et osa faire route vers le continent à travers une mer très-agitée et parsemée de glaces. Un port fut heureusement atteint après que la grande distance de onze cents milles eut été franchie; mais le vaillant capitaine, déjà malade depuis longtemps, avait succombé pendant la traversée.

Cette expédition avait eu lieu dans les dernières années du seizième siècle. Au commencement du dix-septième, les Anglais cherchèrent également du même côté le passage des Indes orientales, entre autres les capitaines Fox et James, en 1632; mais on n'obtint pas plus de succès que précédemment, et une assez longue période de découragement s'ensuivit.

Rien n'avait été entrepris depuis plus de trente ans lorsque, en 1675, un marin anglais, Jean Wood, qui avait acquis une réputation d'excellent navigateur, proposa de faire une nouvelle tentative, dans un remarquable mémoire qu'il présenta au roi et au duc d'York. Une commission, composée des personnes les plus compétentes en ce qui concernait la navigation arctique, l'examina et émit un avis favorable au projet.

---

[1] *Voyageurs anciens et modernes,* par M. Éd. Charton, tome III.

Jean Wood fut nommé au commandement de la fré-
gate *le Speedwell*, construite par le meilleur ingénieur
de l'Angleterre, et il eut en outre sous ses ordres un
navire plus petit, la pinque *le Prospère*, commandée
par le capitaine Guillaume Flawes.

Ces bâtiments mirent à la voile le 28 mai 1676, et
pendant le premier mois leur navigation ne présenta
rien d'extraordinaire. On voit seulement que Jean
Wood suivit fidèlement les indications de Barentz, en
gouvernant au nord-est à partir du cap Nord, afin de
tomber comme lui entre le Groënland et la Nouvelle
Zemble. Toutefois, vers le 22 juin, il rencontra la
banquise et se mit à la côtoyer, en avançant vers l'est.
Il avait l'espoir, à chaque pointe de glace qu'il dou-
blait, de trouver une mer libre devant lui. La réalité
ne répondit pas à son attente, et lorsqu'il arriva en
vue des terres de la Nouvelle-Zemble, la mer était en-
tièrement obstruée par les glaces.

Depuis le 23 jusqu'au 28 juin, il essaya de pénétrer
par toutes les ouvertures apparentes, mais ne trouva
aucun passage. Le temps était généralement calme,
avec d'épais brouillards.

Le 29, les deux navires se trouvaient au milieu des
glaces flottantes, et toujours en vue de la Nouvelle-
Zemble, lorsque le *Speedwell* donna sur un écueil et
s'y échoua, sans pouvoir être relevé. Le *Prospère* put
virer de bord à temps.

Dans une situation aussi fâcheuse, Jean Wood justi-
fia pleinement la haute opinion qu'on avait de son ha-
bileté et de son sang-froid. Contrarié par la violence

du vent et l'agitation de la mer, il ne put empêcher
la perte de sa frégate, mais il eut, du moins, la satis-
faction de sauver son équipage. Nous transcrivons
l'intéressante relation que son journal donne de ce
naufrage :

« Nous étions, dit-il, le 29 juin au matin, entre les
glaces et nous pensâmes y être enfermés. Tout le jour
le temps fut fort embrumé et le vent à l'ouest. Nous
avions le cap au sud-sud-ouest, et par notre estime
nous présumions que la terre la plus occidentale de-
meurait à l'est-sud-est : erreur qui fut la cause de no-
tre infortune. Le capitaine Flawes tira un coup de ca-
non pour avertir qu'on touchait aux glaces, et porta
sur nous. Peu s'en fallut que les deux bâtiments ne
se choquassent et ne périssent ensemble. Le *Speedwell*
fut le seul malheureux ; dans son mouvement, il tou-
cha sur un écueil, tandis que la pinque prit le large.
Notre vaisseau fut trois ou quatre heures à se tour-
menter sur le rocher ; mais quelque effort que nous
fissions, nous ne pûmes parvenir à le relever à cause
de la violence du vent.

« Après quelques heures d'incertitude et de crainte,
nous découvrîmes le rocher sous la poupe. J'ordonnai
aussitôt de débarquer les chaloupes avant d'abattre
les mâts, et j'envoyai un maître avec la pinasse vers
le rivage pour voir s'il n'y avait pas moyen de pren-
dre terre. Il revint une demi-heure après, et nous dit
qu'il n'y avait pas possibilité de sauver un homme, le
rivage étant inaccessible et battu par une mer affreuse.
A cette triste nouvelle, nous implorâmes tous la

miséricorde divine. Nos prières finies, la brume se
dissipa en partie ; je découvris alors une petite pointe
de rivage où je présumais qu'on pourrait prendre
terre, et j'y envoyai la pinasse avec quelques matelots
pour y aborder, mais ils n'osèrent le tenter. Je me dé-

Naufrage du *Speedwell* (1676).

terminai à expédier la chaloupe, montée par vingt
hommes, qui furent plus hardis et entraînèrent en-
suite les autres.

« Ceux qu'on avait mis à terre m'ayant fait deman-
der des armes à feu et des munitions pour se défen-
dre contre les ours, qui paraissaient en grand nombre,
je fis mettre dans la pinasse deux barils de poudre,

des armes à feu, quelques provisions, mes papiers et
mon argent; mais elle chavira à peu de distance de
la frégate, et tout fut perdu. L'embarcation se brisa
elle-même, et il ne resta plus que la chaloupe. La
mer continuant d'être en furie, la plupart des mate-
lots qui étaient à bord nous forcèrent, mon lieutenant
et moi, à abandonner le bâtiment, disant qu'il était
impossible que la chaloupe pût soutenir longtemps les
secousses de la mer, et qu'ils aimaient mieux périr
eux-mêmes que de me voir englouti dans les eaux, se
contentant de me recommander de leur renvoyer la
chaloupe aussitôt que nous serions à terre.

« Nous n'étions pas arrivés à moitié chemin du ri-
vage, lorsque nous vîmes la frégate se renverser; de
sorte que nous fîmes la plus grande diligence pour y
retourner, afin de sauver ces pauvres gens qui m'a-
vaient témoigné tant d'affection. Ce ne fut pas sans
beaucoup de peine que je pus y arriver; tous entrè-
rent dans la chaloupe, à l'exception d'un seul, qu'on
laissa pour mort. Il avait été renversé avec la pinasse
et semblait noyé.

« L'eau ayant pénétré jusqu'au premier pont dans
le bâtiment, nous ne pûmes emporter que deux sacs
de biscuit, quelques pièces de porc et un peu de fro-
mage. On parvint à tirer la chaloupe sur le rivage.

« Les hommes qui avaient gagné terre avant nous
étaient rassemblés à peu de distance sur une hauteur;
les uns allumaient du feu et les autres dressaient une
tente reposant sur des avirons et des barres. Nous
creusâmes à la hâte un fossé pour nous garantir des

ours. Ces animaux, d'une grandeur prodigieuse, et aussi hardis que féroces, étaient venus nous faire visite aussitôt notre arrivée. Un coup de fusil leur avait fait rebrousser chemin. Nous passâmes la nuit sous la tente, extrêmement fatigués, toujours mouillés et pénétrés de froid.

« Le lendemain matin, le matelot que nous avions laissé à bord revint à lui et eut la force de monter sur le mât d'artimon ; c'était le seul que nous n'avions pas abattu. Ce matelot s'était fait aimer, et nous le reçûmes avec la plus grande joie dans la chaloupe au premier voyage qu'elle fit au lieu du naufrage.

« Le 1ᵉʳ juillet, le vent continua avec la même force et fut accompagné de brouillards très-épais et de neige. Nous nous occupâmes à dresser de nouvelles tentes. Le vaisseau, toujours battu par les vagues, ne tarda pas à être mis en pièces ; la mer en jeta la plus grande partie sur le rivage, et ces débris vinrent fort à propos pour nous mettre à l'abri et pour faire du feu. Nous fûmes encore assez heureux pour recueillir quelques tonneaux de farine, plusieurs barils d'eau-de-vie et de bière, avec des pièces de bœuf et de porc.

« Le 2 juillet, on tua un grand ours blanc ; on le dépeça, et nous trouvâmes sa chair très-bonne.

« Cependant nous étions entre la crainte et l'espérance. Tantôt nous nous flattions que le beau temps apparaîtrait et que le capitaine Flawes nous découvrirait, ce que nous ne pouvions espérer pendant la durée des brouillards ; tantôt nous appréhendions qu'il

n'eût fait aussi naufrage et que nous ne le revissions
jamais. Après avoir beaucoup réfléchi sur ces motifs
d'espoir et de crainte, je me déterminai à faire haus-
ser de deux pieds les bords de la chaloupe et à la faire
couvrir d'un pont, pour empêcher autant que possible
l'eau d'y entrer. Je pris en même temps la résolution
d'aller à voiles et à rames jusqu'en Russie.

« Lorsque je fis part de mon projet aux matelots,
ils en conçurent de l'ombrage. La chaloupe ne pou-
vait contenir que trente hommes, et ils étaient réso-
lus à se sauver tous ou à demeurer tous ensemble.
Quelques-uns même, plus alarmés de mon dessein,
complotèrent de le faire échouer en mettant la cha-
loupe en pièces, pour courir tous la même fortune.

« Les jours s'écoulaient et nous laissaient dans la
plus triste perplexité. Quelques matelots proposèrent
alors d'allonger la chaloupe de douze pieds, pensant
qu'ainsi agrandie, elle serait suffisante pour embar-
quer tout l'équipage. La proposition fut examinée et
débattue plus d'une fois ; mais, après avoir considéré
que les matériaux et les ouvriers manquaient, qu'un
aussi petit bâtiment ne pourrait jamais être assez pro-
longé pour contenir tout le monde, le plus grand
nombre des matelots s'opposa à ce que la construction
fût commencée. Ils aimaient mieux, disaient-ils, aller
par terre jusqu'au canal de Weigaz, qui sépare la Nou-
velle-Zemble de la Samojédie, et près duquel ils espé-
raient trouver des barques russes. Le péril imminent
où nous nous trouvions pouvait seul inspirer cette ré-
solution ; l'exécution en était évidemment impratica-

     LES NAUFRAGES CÉLÈBRES.

ble à cause de la longueur et de la difficulté du chemin, entrecoupé de montagnes et de vallées inaccessibles, sans compter les rivières qui nous arrêteraient à chaque pas. Dans la supposition même de trouver la route praticable, nous avions trop peu de provisions de bouche pour atteindre le but de notre voyage, et de munitions pour nous défendre des bêtes féroces.

« Cependant, si d'un côté je ne voyais aucune apparence de pouvoir nous sauver par terre, de l'autre il n'y avait pas moins de difficulté par mer, puisque la chaloupe, quelque travail qu'on y fît, ne pouvait contenir que trente hommes. Que deviendraient les quarante délaissés, sans provisions, dans un pays aride et presque sans espoir d'en sortir? Ainsi la terre et la mer nous refusaient également le passage.

« Je laisse à concevoir dans quelle extrémité nous nous trouvions alors, et quelle devait être l'agitation de mon esprit. Toutes mes pensées ne s'arrêtaient que sur un avenir tragique. Pour comble de malheur, le temps était si mauvais que, pendant neuf jours, nous eûmes toujours de la neige, de la pluie et un brouillard très-épais.

« Nous touchions à l'extrémité du désespoir, lorsque l'air s'éclaircissant dans la matinée du 8 juillet, nous découvrîmes avec une joie inexprimable la pinque du capitaine Flawes; elle était à peu de distance du rivage. Je fis sur-le-champ allumer un grand feu; il l'aperçut, et soupçonnant notre infortune, il se dirigea aussitôt vers nous et nous envoya ses embarca-

tions. A peine avaient-elles abordé, que nous détrui-
sîmes tout ce qui avait été fait à notre chaloupe; elle
fut bientôt mise à flot. Vers midi, le même jour, nous
fûmes tous rendus heureusement sur le navire du ca-
pitaine Flawes. Nous laissâmes à terre tout ce qui avait
été sauvé de la frégate, car nous craignions trop qu'un
nouveau brouillard ne vînt encore nous surprendre. Le
Prospère mit à la voile, et nous entrâmes, le 23 août,
dans la Tamise, après une très-bonne traversée. »

IV

INCENDIE ET NAUFRAGE DES GALIONS D'ESPAGNE
DANS LA BAIE DE VIGO

Lors de la guerre de la succession d'Espagne, l'Angleterre et la Hollande avaient embrassé la cause de l'empereur d'Autriche contre Louis XIV et Philippe V ; le prince Eugène avait battu Catinat ; Villeroï n'avait pas eu plus de chance. Les troupes françaises étaient mal nourries, mal équipées, sans munitions, rarement soldées. L'armée espagnole était dans un état plus affligeant encore ; pour mieux dire, elle n'existait pas.

Mais la France et l'Espagne attendaient de jour en jour un convoi de galions parti des Indes occidentales et chargé d'un milliard huit cents millions de réaux, sans compter les marchandises précieuses. Il était à craindre néanmoins que ce convoi ne fût capturé par la flotte anglo-hollandaise, qui bloquait soigneusement les côtes méridionales d'Espagne.

L'amiral de Château-Renault était sorti de Brest avec une escadre forte de quinze bâtiments pour aller à la rencontre des fameux galions, que guidait le comte de Velasco, et pour les escorter jusqu'à Cadix.

L'amiral français rallia le convoi à la hauteur des îles Canaries; il conseilla vivement à l'amiral espagnol de faire voile vers un port français, l'ennemi surveillant de près la côte d'Espagne. En effet, les Anglais et les Hollandais, ayant aperçu le convoi à la hauteur du cap Saint-Vincent, mirent à sa poursuite leurs plus fins voiliers. Les Français et les Espagnols, serrés de près, côtoyèrent le Portugal et se jetèrent dans la baie de Vigo, dont ils fortifièrent en grande hâte l'entrée et les abords (22 octobre 1702).

Pendant que le combat se préparait, Velasco essayait de faire décharger son convoi; mais l'ennemi se hâta de jeter à terre un petit corps de six cents hommes, qui s'empara de près de quatre millions de réaux en argent brut, et empêcha le déchargement des autres galions, qui se rapprochèrent de la ligne de bataille formée par les vaisseaux français. L'amiral anglais était bien décidé à agir d'une façon foudroyante et à s'emparer d'un convoi qui portait, on peut le dire, la fortune de l'Espagne.

Monté sur le *Torbay*, il donna le signal de l'attaque et s'élança à toutes voiles sur les chaînes qu'avait fait tendre à l'entrée de la baie l'amiral de Château-Renault. Ces chaînes, il les brisa par un choc formidable et vint se heurter contre la ligne française, tandis qu'une quinzaine de vaisseaux de haut bord s'engoulfraient à sa suite dans la baie.

Château-Renault fit des prodiges de valeur; il parvint à incendier le vaisseau anglais *le Montmouth*, que montait le célèbre commodore Hopson, mais, accablé par le nombre, il se transporta sur le galion *Almirante*, où se trouvait Velasco, et là il fut convenu qu'on coulerait bas tous les galions du convoi pour les préserver d'une capture certaine. Les galions furent sabordés et incendiés.

A diverses époques, on a essayé de repêcher les immenses richesses en or et en argent ainsi disparues dans les flots : on n'avait pu y parvenir. Durant l'automne de 1869, on annonça qu'une société s'était formée pour reprendre l'entreprise. Les appareils dont on devait se servir pour relever les galions étaient de grands cylindres en tôle qu'on coule, pleins d'eau, le long des flancs du navire, et qu'on y attache avec des chaînes passées sous la quille si l'on peut. Les cylindres sont alors remplis de gaz et relèvent le bâtiment par leur force ascensionnelle.

Nous ajouterons à ce résumé, extrait du *Bulletin de l'Association scientifique de France* [1], les détails suivants donnés par un journal espagnol [2]. Onze galions ont été reconnus, et leur place a été nettement déterminée. Un ingénieur français est venu avec un

---

[1] N° du 29 mai 1870.
[2] *Gaceta de los caminos de hierro.*

Recherche des galions dans la baie de Vigo.

outillage complet et des appareils de dragage perfec-
tionnés. Du premier galion que l'on a visité, à l'aide
de grandes cloches à plongeur, on a retiré quatre lin-
gots d'argent recouverts d'une couche de plomb.
Cette enveloppe était dans un état complet d'altéra-
tion. Un des quatre lingots dépouillés pesait vingt li-
vres environ; les autres sont d'un poids moindre. On
a retiré ensuite une grande quantité d'objets plus ou
moins riches, des bois précieux bien conservés, des
armes, des porcelaines, des pièces d'argenterie, etc.
Ces découvertes, tout en excitant fortement la curio-
sité, permettaient aux promoteurs de l'entreprise de
concevoir de légitimes espérances, qui, malheureuse-
ment, n'ont pas été réalisées.

V

EXTRAITS DES PROCÉS-VERBAUX DU NAUFRAGE

Les *Annales maritimes et coloniales* de 1822 ren-
ferment les procès-verbaux de ce naufrage, transmis à
leur directeur par M. le baron Milius, ancien gouver-
neur de l'île Bourbon, avec des réflexions dont voici
la substance :

« Les déclarations de quelques infortunés échappés
au naufrage du vaisseau de la Compagnie des Indes
le Saint-Géran en 1744, viennent d'être retrouvées
au greffe de la cour d'appel de l'île Maurice, transféré
à l'île Bourbon. En les publiant, on rétablira des faits
dignes de la vérité de l'histoire.

« Ces déclarations ont été reçues par un juge du
conseil supérieur, M. Herbaut, et par son greffier,
M. Molère. Si ce magistrat eût pu prévoir alors toute
l'importance dont seraient un jour ces procès-ver-

baux, que de renseignements n'y aurait-il pas consi-
gnés? Tels qu'ils sont, on retrouve le canevas du ro-
man de Bernardin de Saint-Pierre dans la description
du lieu de la scène, dans les efforts de MM. de Pera-
mont, de Villarmois et Longchamps de Montendre,
pour arracher à la mort mesdemoiselles Mallet et
Caillon, qui, dans un moment d'horreur, s'étaient li-
vrées à leur générosité et à leur courage. Que ces
noms au moins échappent à l'oubli; et puissent-ils,
associés désormais aux noms de Paul et Virginie, par-
tager le touchant intérêt qu'inspire le récit de leurs
chastes et malheureuses amours! »

DÉPOSITIONS DES MATELOTS SAUVÉS DU NAUFRAGE DU VAISSEAU
LE SAINT-GÉRAN

L'an 1744, le 22 août, sont comparus au greffe de
cette île, Pierre Tassel, de Lorient, bosseman; Alain
Ambroise, bosseman, et Thomas Chardrou, matelot,
tous trois réchappés du naufrage du vaisseau *le Saint-
Géran*, lesquels ont déclaré ce qui suit :

Qu'ils étaient partis de Lorient le 24 mars, capi-
taine, M. Delamarre; Malles, premier lieutenant; Pe-
ramont, second lieutenant; Longchamps de Monten-
dre, premier enseigne; Lair, second enseigne et écri-
vain; le chevalier Boette, enseigne surnuméraire.

Le lundi, 17 août, à quatre heures du soir, ayant
eu connaissance de l'île Ronde, on serra toutes les
voiles, hors le grand hunier et la misaine. Alors M. De-
lamarre consulta ses officiers sur le parti qu'il y avait

à prendre, la terre étant encore à six lieues, et la nuit
approchant. Il était d'avis de profiter du beau clair de
lune, de donner dans les îles et de venir mouiller au
Tombeau. M. Malles, son second, l'en dissuada, et lui
dit qu'il valait mieux mettre à la cape; que le lende-
main au jour on donnerait dans les îles. Le sieur Lair
appuya ce sentiment, et dit qu'il était pratique de la
côte, et qu'il n'y avait aucun danger à tenir la cape
sous la grand'voile. M. Delamarre leur dit : « Mes-
sieurs, vous êtes plus pratiques de la côte que moi; il
y a vingt ans que je suis venu ici sur le *Saint-Albin;*
mes idées se sont effacées, et je m'en remets à vous
de la conduite du vaisseau. »

On continua d'aller à petites voiles, le cap sur l'île
Ronde, jusqu'à six heures et demie qu'on mit à la
cape sous la grand'voile, l'amure à bâbord. A mi-
nuit, le sieur Lair prit le quart. Ledit sieur Lair vint
à l'avant pour allumer sa pipe, et Pierre Tassel, ici
présent, qui était de quart sur le gaillard d'avant,
voyant venir le sieur Lair, lui dit : « Monsieur, il me
semble que nous approchons bien la terre. » Un mo-
ment après, le sieur Lair retournant sur le gaillard
d'arrière, le nommé Olivier Brevenne, qui a péri dans
le naufrage, dit au sieur Lair la même chose que
Pierre Tassel lui avait dite; il répondit à l'un et à
l'autre : « Je connais la côte, ne vous embarrassez
pas. »

Sur les deux heures et demie après minuit, M. De-
lamarre vint sur le pont, et dit au sieur Lair : « Nous
avons assez couru sur ce bord, il faut mettre sur l'au-

tre. » Aussitôt on vira vent arrière, et, comme on était
prêt d'amurer la grand'voile à tribord, le devant du
navire toucha. La lame, qui était très-grosse, prit le
navire en travers, et le poussa sur les récifs. Pierre
Tassel, dans le moment, cria : « Nous sommes perdus ! »

Naufrage du Saint-Géran (1744).

et sonna la cloche. Tout le monde monta sur le pont,
à l'exception de plus de cent hommes qui étaient sur
les cadres, si malades, qu'ils ne purent se lever. Pierre
Tassel fut trouver M. Delamarre, et lui demanda s'il
ne jugeait pas à propos de couper les saisines des trois
bateaux, et de parer les caliornes pour les mettre de-
hors ; et aussitôt que le sieur Delamarre le lui eut

permis, ledit Tassel, à l'aide du patron de chaloupe,
coupa les saisines des bateaux; et, comme ils étaient
prêts à crocher les palans sur les bateaux, le grand
mât vint en bas du côté de tribord. Dans le même in-
stant, MM. Delamarre et Malles voulurent faire couper
le mât d'artimon pour soulager le navire, mais il se
cassa et vint à bas sous le vent. M. Delamarre envoya
le charpentier couper les haubans au vent du mât de
misaine, et aussitôt que les haubans furent coupés, ce
mât cassa et tomba à la mer sous le vent. La lame, qui
était extrêmement grosse, ramenait tous ces mâts dans
le vaisseau, fracassait les bateaux et le tribord du na-
vire; un moment après, la quille se rompit dans son
milieu, qui apparemment était sur un creux, dans le-
quel la quille s'enfonça, et fit relever les deux extré-
mités du vaisseau.

M. Delamarre fit donner en ce moment la béné-
diction et l'absolution générale par l'aumônier, qui
chanta le *Salve Regina* et l'*Ave maris stella.* Tout le
monde s'embrassait et se demandait pardon les uns
aux autres. Pierre Tassel demanda à M. Delamarre
s'il jugeait à propos de faire couper les jumelles pour
servir à sauver le monde; et, sur la permission qu'il
lui en donna, il les coupa en deux. Pierre Tassel pro-
posa à M. de Belleval de se sauver avec lui sur un
morceau de la lisse; mais ce sieur de Belleval n'eut
pas le courage de le suivre. Un moment après, Pierre
Tassel vit environ quarante personnes se jeter à la mer
à son exemple, mais ils périrent presque tous. Il s'é-
tait jeté à la mer sur les six heures du matin, et ar-

riva à l'île d'Ambre sur les onze heures ; et, de moment en moment, il vit arriver ceux de ses camarades qui se sont sauvés. Le premier pilote et une négresse de Guinée arrivèrent au même endroit sur une courbe du navire. Tassel leur donna deux coups de vin d'une barrique qui se trouvait au plein et qu'il défonça. Une heure après, il les trouva morts l'un et l'autre. Après être restés deux jours sur l'île d'Ambre, dans l'espérance d'y voir arriver quelques personnes réchappées du naufrage, et ne voyant pas d'apparence après ce temps qu'il pût venir encore quelqu'un, les trois déposants ci-dessus prirent le parti de se mettre sur la jumelle pour regagner la grande terre, laissant six de leurs camarades sur l'île d'Ambre. Effectivement, leur projet réussit ; ils arrivèrent au poste des chasseurs, à la mare des Flamands. Aussitôt les chasseurs leur firent du bouillon ; et, sur ce qu'ils leur dirent qu'il y avait six de leurs camarades sur l'île d'Ambre, Lavenant, soldat chasseur, chargea ses camarades de cerf et de riz, et alla avec eux porter des secours et de la nourriture à ceux qui étaient à l'île d'Ambre. L'endroit où le vaisseau est échoué est à plus d'une lieue de la grande terre, et à la même distance de l'île d'Ambre.

———

L'an 1744, le 24 août, à huit heures du matin, sont comparus au greffe les nommés Jean Janvrin, pilotin de Saint-Malo, et Pierre Verger, adjudant canonnier de Lorient, tous deux réchappés du naufrage du vaisseau *le Saint-Géran*, lesquels ont déclaré ce qui suit :

Que le *Saint-Géran*, sorti de Lorient le 24 mars, vingt-deux jours après arriva à Gorée, où l'on embarqua sur le vaisseau vingt noirs et dix négresses, tant Yolofs que Bambaras. On avait perdu dix hommes, morts pendant la traversée ; et, en arrivant en vue de l'île de France, il y avait plus de cent hommes sur les cadres. Le 17 août, on avait eu connaissance de l'île Ronde. A quatre heures après midi, on mit à la cape sous la grand'voile, l'amure à bâbord, gouvernant au sud-sud-ouest et sud-ouest ; M. Longchamps de Montendre était de quart, et avait pour officiers mariniers les nommés Riba et Ambroise. Le quart changea à minuit ; M. de Longchamps le remit à M. Lair, qui avait pour officier marinier maître Tassel. Les officiers-majors s'étaient retirés dans leur chambre, il n'y avait que ledit sieur Lair sur le gaillard. A trois heures du matin, les matelots de l'avant virent qu'on allait se jeter sur les brisants ; aussitôt le sieur Lair fit arriver le navire pour virer vent arrière ; mais il était trop tard, le vaisseau toucha, et la lame, le prenant en travers, le jeta sur les récifs et dans les brisants. Au coup de talon que le navire donna, tous les officiers sortirent de leur chambre et vinrent sur le pont en chemise ; tout l'équipage criait miséricorde et demanda des prières pour implorer l'assistance de Dieu. Aussitôt l'aumônier chanta le *Salve* et

Ave maris stella. Maître Tassel coupa les jumelles
pour faire des ras, mais il n'en put venir à bout. On
voulut couper le grand mât ; au premier coup de ha-
che, il vint en bas, et entraîna avec lui le mât d'arti-
mon, qui se cassa à plus de neuf ou dix pieds au-des-
sus du gaillard ; ils tombèrent l'un et l'autre sous le
vent. On coupa le mât de misaine ; et tous ces mâts,
qui étaient le long du bord, étaient ramenés dedans
par la lame, et franchissaient tout le vaisseau. Sur les
cinq heures et demie six heures, n'y ayant plus de
ressources en restant dans le navire, le boulanger se
jeta à la mer le premier, et se noya à la vue de tout
le monde, ayant sur le dos un paquet de hardes, qui
l'empêchait de nager. Un moment après, maître Tas-
sel se jeta à la mer, et on le vit nager assez loin sans
qu'il lui fût arrivé d'accident, ce qui encouragea les
deux déposants. Le nommé Janvrin, pilotin, voyant
venir un grain, et craignant que le temps ne devînt plus
mauvais, se jeta à la mer avec son camarade, sur une
planche qu'ils trouvèrent sous leurs mains. Dans ce
moment, le sieur de Belleval faisait des cris et des
lamentations extraordinaires. Mademoiselle Mallet
était sur le gaillard d'arrière, avec M. de Peramont,
qui ne l'abandonnait pas. Mademoiselle Caillon était
sur le gaillard d'avant avec MM. Villarnois, Gresle,
Guiné et Longchamps de Montendre, qui descendit le
long du bord pour se jeter à la mer, et remonta pres-
que aussitôt pour déterminer mademoiselle Caillon à
se sauver.

Lesdits déposants disent qu'ils furent longtemps

entre la vie et la mort, quoique l'un et l'autre sussent nager parfaitement ; que la lame les poussait dans les brisants, et les rapportait aussitôt au large avec une violence à laquelle ils ne pouvaient pas résister ; qu'enfin ils passèrent les brisants et se trouvèrent dans un lieu où la mer était plus tranquille, et qu'ils arrivèrent à l'île d'Ambre, après avoir été plus de cinq heures dans l'eau.

Fait au Port-Louis de l'île de France, en la chambre du greffe, susdits jour et an. Rédigé et dicté par nous, Antoine Nicolas Herbault, conseiller du roi au conseil supérieur de l'île de France, commissaire nommé à cet effet.

Signé : HERBAULT et MOLÈRE.

VI

INCENDIE ET NAUFRAGE DU VAISSEAU FRANÇAIS LE PRINCE
DE LA COMPAGNIE DES INDES

RELATION DE M. DE LAFOND, LIEUTENANT DE VAISSEAU

Le vaisseau *le Prince*, commandé par M. Morin et
destiné pour Pondichéry, appareilla le 19 février 1752
de la rade de Lorient. A peine eut-il doublé l'île
Saint-Michel que, par suite d'un changement de vent
subit, il s'échoua sur le banc du Turc. La bouche des
canons était plongée dans l'eau. Nous annonçâmes
notre malheur par des signaux de détresse. M. de
Godehen, commandant du port de Lorient, se trans-
porta à bord pour animer l'équipage par sa présence
et par ses ordres. On déchargea le bâtiment en partie
et la marée du matin nous releva. Mais nous avions
des voies d'eau, qui nous obligèrent de rentrer dans
le port, où on fit passer le vaisseau au carénage. On
lui donna un nouveau doublage. Tant de précautions

promettaient un heureux voyage ; ce malheur même nous prouvait la bonté du vaisseau, que le feu seul semblait pouvoir détruire.

Le 10 juin suivant, un vent favorable nous éloigna du port ; mais, après une bonne navigation d'environ un mois, nous éprouvâmes un malheur tel que les expressions les plus exagérées n'en donneraient qu'une très-faible idée.

Le 26 juillet, à 8° 30′ de latitude sud et 355° de longitude, le vent soufflant du sud-ouest, avec le cap au sud-est, au moment où l'on observait le point de midi à l'entrée d'un quart que je devais commander, un homme annonça que la fumée sortait du panneau de la grande écoutille.

A cette nouvelle, le premier lieutenant, chargé des clefs de la cale, en fit ouvrir toutes les écoutilles pour découvrir la cause d'un accident dont les plus légers soupçons font toujours trembler les plus intrépides. Le capitaine, qui était à table dans la grande chambre, se présenta sur le gaillard et donna ses ordres pour étouffer le feu. Je les avais déjà prévenus en faisant tremper dans la mer quelques voiles et prélarts pour couvrir les écoutilles, et empêcher ainsi l'air de pénétrer dans la cale. J'avais même proposé de faire entrer l'eau dans l'entre-pont à la hauteur d'un pied. Mais l'air avait eu déjà un trop libre passage, la fumée sortait avec abondance et le feu s'animait de plus en plus.

Le capitaine fit armer quatre-vingts soldats pour contenir l'équipage et éviter la confusion dans un pé-

ril si pressant. M. de Latouche, qui était passager, le
seconda avec sa fermeté et sa prudence ordinaires. Ce
héros des Indes méritait une meilleure occasion ; il
destinait ces soldats à d'autres opérations plus favora-
bles à l'État.

Tout le monde était occupé à jeter de l'eau ; on fit
usage de toutes les pompes, dont on dirigeait les
manches dans la cale. Cependant la rapidité de l'in-
cendie rendait les moyens inutiles et augmentait la
consternation.

Le capitaine avait fait mettre la yole à la mer,
uniquement parce qu'elle embarrassait. Quatre hom-
mes et un maître s'en emparèrent. Ils n'avaient pas
d'avirons et trois matelots se jetèrent à la mer pour
leur en porter. On voulait faire revenir ces heureux
fugitifs ; ils crièrent qu'ils n'avaient pas de gouvernail
et qu'on devait leur lancer une amarre ; mais aperce-
vant les progrès de l'incendie, ils nagèrent pour s'é-
loigner, et le vaisseau qui avait un peu d'erre les dé-
passa.

On travaillait avec ardeur à bord ; l'impossibilité de
se sauver semblait augmenter le courage. Le maître
ne craignit pas de descendre dans la cale, mais la
chaleur extrême le força de remonter ; il aurait même
été brûlé si on n'eût jeté sur lui une grande quantité
d'eau. Aussitôt après, on vit les flammes sortir avec
impétuosité du grand panneau. Le capitaine ordonna
de mettre les embarcations à la mer ; mais la crainte
avait tellement épuisé les forces des plus intrépides,
qu'ils ne pesaient que très-faiblement sur les palans.

La chaloupe était cependant hissée à une élévation suffisante et on allait l'amener à la mer quand le feu monta le long du grand mât avec tant de rapidité et de violence, que les garans de la caliorne furent brûlés et que l'embarcation tomba sur les canons de tribord, se renversant de manière qu'on perdit tout espoir de la relever.

Nous vîmes que nous ne devions plus mettre nos espérances dans les bras des hommes, mais dans la miséricorde de Dieu. L'accablement s'empara des esprits, la consternation devint générale ; on n'entendait plus que des gémissements, les animaux même poussaient des cris effroyables. Tout le monde commença alors à élever son cœur et ses mains vers le ciel, et dans la certitude d'une mort prochaine, chacun n'était plus occupé que de l'affreuse alternative entre les deux éléments prêts à nous dévorer.

L'aumônier, qui était sur le gaillard d'arrière, donna l'absolution générale. Quel horrible spectacle se présentait de tous côtés ! Chacun n'était occupé qu'à jeter à la mer tout ce qui pouvait procurer un instant de vie, cages, vergues, espars. La confusion était extrême ; les uns semblaient aller au-devant de la mort, en se jetant à la mer ; les autres gagnaient à la nage les débris de notre vaisseau et s'accrochaient aux haubans, aux vergues, aux cordages qui pendaient le long du bord.

Je fis mettre la barre à tribord ; le vaisseau arriva, et cette manœuvre nous conserva quelque temps de ce côté pendant que l'incendie ravageait le côté de bâ-

bord, de l'avant à l'arrière. J'avais été si occupé jus-
qu'alors, que je ne pensais encore qu'à la conservation
du bâtiment. Les horreurs d'un double genre de mort
se présentèrent à moi dans ce moment, mais le ciel
voulut bien me conserver toute ma fermeté.

Jetant les yeux de tous côtés, je me vois seul sur le
pont. J'entre dans la chambre du conseil, où je ren-
contre M. de Latouche, qui voyait la mort avec cet
héroïsme qui le fit triompher dans les Indes. « Adieu,
mon frère et mon ami, me dit-il en m'embrassant. —
Eh ! où allez-vous ? lui répondis-je. — Je vais conso-
ler mon ami Morin. » Il parlait du capitaine, qui était
accablé de douleur et pénétré du triste sort de ses
cousines qui étaient passagères sur le navire, et qu'il
avait déjà fait descendre dans la mer sur des cages à
poules, après leur avoir fait arracher leurs habits ;
des matelots les soutenaient d'un bras en nageant de
l'autre.

Les vergues et les mâts étaient chargés d'hommes
qui luttaient contre les flots et dont plusieurs étaient
emportés par les boulets que la flamme faisait sortir
des canons, troisième genre de mort qui augmentait
encore l'horreur dont nous étions environnés.

Le cœur serré d'angoisse, je détourne mes regards
de la mer ; de la galerie du tribord où je me tenais,
je vois le feu sortir avec un bruit épouvantable par les
fenêtres de la grande chambre et de celle du conseil.
Ma présence était désormais inutile pour la conserva-
tion du vaisseau, je me dépouille de mes habits et je
me jette à la mer. Longtemps j'eus à lutter contre un

soldat qui, en se noyant, m'avait saisi par un membre. Enfin, dégagé, je nageai vers la vergue de civavadière qui se présentait à mes yeux. Elle était toute chargée de monde et je n'osai prendre une place sans en demander la permission, que ces infortunés m'accordèrent volontiers. Les uns étaient tout nus, les autres en chemise. Ils avaient encore la bonté de plaindre mon sort, et leur malheur mettait ma sensibilité à la plus dure épreuve. « Que nous vous plaignons, mon officier! me dirent-ils. — J'ai bien plus sujet de vous plaindre, leur répondis-je, ma vie étant très-avancée, tandis que vous ne faites que commencer la vôtre. »

M. Morin et M. de Latouche, si dignes l'un et l'autre d'un meilleur sort, ne quittèrent point le vaisseau et furent sans doute ensevelis sous ses ruines. De quelque côté que je tournasse les yeux, ils n'étaient frappés que des spectacles les plus affreux. Le grand mât, brûlé par le pied et tombant à la mer, donna par sa chute la mort aux uns, et aux autres une faible ressource.

Lorsque j'y pensais le moins, j'aperçus la yole assez proche de nous; il était à peu près cinq heures du soir. Je criai aux rameurs que j'étais leur lieutenant et leur demandai de partager avec eux leur infortune. Ils m'accordèrent la liberté d'entrer dans leur canot, à la seule condition d'aller moi-même les joindre à la nage. Il était de leur intérêt d'avoir un conducteur pour découvrir la terre, et par cette raison ma compagnie leur était trop nécessaire pour me refuser cette grâce. La condition qu'ils m'imposaient était cepen-

Incendie et naufrage du vaisseau *le Prince* (1752).

dant raisonnable; ils firent prudemment de ne pas
approcher, chacun aurait voulu entrer dans ce frêle
bâtiment; le canot aurait été submergé et nous au-
rions tous été ensevelis dans les eaux. Je rassemblai
donc toutes mes forces, et je fus assez heureux pour
parvenir jusqu'à la yole. On recueillit encore le pilote
et un maître qui, réfugiés sur le grand mât, se déci-
dèrent aussi à franchir la distance à la nage. Cette
yole fut l'arche qui sauva les dix personnes qui échap-
pèrent seules de presque trois cents.

Cependant les flammes dévoraient toujours le vais-
seau; notre trop grande proximité pouvant nous être
pernicieuse, nous nageâmes un peu au vent. Peu de
temps après, le feu s'étant communiqué à nos pou-
dres de cargaison, je ne saurais exprimer avec quel
fracas notre malheureux navire sauta en l'air. Un
nuage épais nous déroba la lumière du soleil : dans
cette affreuse obscurité, nous n'aperçûmes que de
grosses pièces de bois en feu lancées au milieu des
airs, et dont la chute menaçait d'écraser nombre de
malheureux qui luttaient encore contre les dernières
atteintes de la mort. Nous n'étions pas nous-mêmes
à l'abri des plus grandes frayeurs; un de ces débris
pouvait nous atteindre et engloutir notre frêle na-
celle. Mais le ciel, en nous préservant de ce dernier
malheur, nous offrit le plus triste spectacle. Le vais-
seau avait disparu, et ses débris, dispersés dans une
très-grande étendue, flottaient épars avec les infortu-
nés dont leur chute avait terminé le désespoir avec la
vie. Nous voyions des hommes, les uns entièrement

étouffés, d'autres à demi brûlés et déchirés, conser-
vant encore assez de vie pour souffrir deux supplices
à la fois.

Grâce au ciel, ma fermeté ne m'abandonna pas ; je
proposai d'aller vers ces débris pour tâcher de trouver
quelques vivres et autres choses nécessaires. Nous
avions besoin de tout et nous étions exposés à mourir
de faim, mort bien plus lente et plus cruelle que celle
de nos frères. Nous rencontrâmes plusieurs barils où
nous espérions trouver une ressource contre ce besoin
pressant; mais nous vîmes avec douleur que c'était
une partie de la poudre que l'on avait jetée à la mer
pendant l'incendie.

La nuit approchait déjà lorsque nous trouvâmes
une barrique d'eau-de-vie, quinze livres de lard salé,
une pièce d'écarlate et une pièce de toile, une dou-
zaine de douves de barriques et quelques cordes. En
nous éloignant le plus promptement possible, nous
nous occupâmes de l'armement de notre nouveau bâ-
timent. Chacun se mit à travailler avec diligence.
Nous fîmes usage de tout ; nous enlevâmes le doublage
intérieur du canot pour en avoir les planches et les
clous; nous tirâmes de notre toile les fils dont nous
avions besoin. Un matelot avait heureusement deux ai-
guilles qui nous servirent pour la couture d'une voile
faite avec la pièce d'écarlate, et qui fut enverguée sur
une gaffe. Nous parvînmes à installer une planche en
gouvernail, et il ne s'agissait plus que de diriger la
route par une estime grossière, car nous n'avions ni
cartes, ni instruments, et le dernier point nous met-

tait à deux cents lieues de terre. Nous nous abandonnâmes à la miséricorde divine, dont nous implorâmes l'assistance par de ferventes prières.

Enfin nous élevâmes notre voile, l'amure à bâbord, et un vent favorable nous éloigna pour toujours de nos compagnons infortunés. Nous voguâmes dans cet état huit jours et huit nuits sans apercevoir la terre, exposés tout nus aux rayons brûlants du soleil et au froid piquant de la nuit. Le sixième jour, une petite pluie nous fit espérer quelque soulagement à la soif qui nous dévorait ; nous tâchions de recueillir avec la bouche et les mains le peu d'eau qui tombait. Nous léchions notre voile d'écarlate ; mais cette étoffe, déjà imbibée d'eau de mer, en communiquait l'amertume à la pluie qu'elle recevait. D'un autre côté, si la pluie avait été plus forte, elle aurait pu faire tomber le vent qui nous poussait, et le calme nous aurait fait périr.

Pour fixer les incertitudes de notre route, nous consultions chaque jour le lever et le coucher du soleil ; la Croix du Sud nous indiquait l'aire de vent que nous devions suivre. Il fallut nous contenter d'un morceau de lard salé pour vingt-quatre heures et d'un coup d'eau-de-vie de temps en temps. Quelques poissons volants passèrent, mais nous ne pûmes en prendre aucun. L'inquiétude de notre sort, le défaut de nourriture, l'agitation de la mer, tout cela nous causait une insomnie accablante. La nature chez nous semblait n'avoir plus de fonctions ; une faible espérance animait seule nos forces et nous empêchait d'envier le sort de nos frères.

Je passai la huitième nuit au gouvernail; j'en tins
la barre pendant plus de dix heures, en demandant
souvent qu'on me relevât, car j'étais près de succom-
ber. Mes malheureux compagnons étaient dans le
même état d'épuisement et le désespoir commençait à
s'emparer de moi. Enfin, presque anéantis de fati-
gues, de misères, de faim et de soif, nous découvrîmes
la terre aux premiers rayons de soleil, le 5 août. Il
faudrait avoir éprouvé nos malheurs pour imaginer la ·
révolution que la joie fit en nous. Nos forces se rani-
mèrent; nous prîmes nos mesures pour n'être pas em-
portés par les courants. A deux heures après midi,
nous abordâmes la côte du Brésil et nous entrâmes
dans la baie de Tresson; une lieue plus loin nous
étions brisés à la côte de Fer.

Notre premier soin en mettant pied à terre, fut de
remercier le ciel de la faveur qu'il nous accordait;
nous nous précipitions sur cette plage tant désirée, et,
dans le transport de la joie, chacun de nous se roulait
sur le sable. Notre aspect était horrible; nos figures
ne conservaient encore quelque chose d'humain que
pour annoncer plus sensiblement nos malheurs. Les
uns étaient tout nus, les autres n'avaient que des che-
mises pourries et en lambeaux; j'avais pris une cein-
ture écarlate pour paraître à la tête des mes compa-
gnons. Cependant nous ne voyions pas encore le terme
de toutes nos peines; délivrés, à la vérité, du plus
grand de nos périls, celui d'une navigation incertaine,
nous étions encore tourmentés par la faim et la soif,
et dans la cruelle incertitude si nous trouverions cette

côte habitée par des hommes compatissants. Nous eûmes encore recours à l'assistance du ciel, et nous ne tardâmes point à en recevoir la plus grande faveur.

Nous délibérions vers quels lieux nous dirigerions nos pas, lorsque cinquante Portugais environ, dont la plupart étaient armés, vinrent au-devant de nous et nous demandèrent le motif de notre descente. Le récit de nos malheurs et des miséricordes du Seigneur fut toute notre réponse, annonça nos besoins et réclama fortement les droits sacrés de l'hospitalité. Ces habitants, sensibles à nos infortunes, bénirent l'auteur de notre conservation et s'empressèrent de nous conduire à leurs habitations. Nous traversâmes sur notre route une rivière où tous nos compagnons coururent se jeter pour y apaiser leur soif; ils se roulèrent dans l'eau avec délices. En effet, ces bains furent par la suite un des remèdes dont nous fîmes le plus fréquent et en même temps le plus salutaire usage.

Le chef du lieu vint nous prendre pour nous conduire dans sa maison. Cet hôte charitable nous donna des chemises et des culottes de toile, nous fit préparer des poissons et de la farine de manioc. Après ce frugal repas, quoique le sommeil nous fût aussi nécessaire, nous nous disposâmes à rendre à Dieu des actions de grâces solennelles. Ayant appris qu'il y avait une église dédiée à saint Michel et éloignée d'une demi-lieue, nous nous y rendîmes en chantant les louanges du Seigneur, et nous lui offrîmes l'hommage de notre reconnaissance.

VII

NAUFRAGE DU JONG-THOMAS

Dans les hivers tempêtueux du Cap, qui se comptent du 14 mai au 14 août, les vaisseaux se hasardent rarement à entrer dans la baie de la Table. Un navire hollandais, qui cependant y était resté pour quelques affaires particulières, et qui, dans la nuit du 14 au 15 août, avait jeté toutes ses ancres à cause de la violence du vent de nord-ouest, fut sur le point d'être entraîné sur les rochers qui bordent le fort. Le jour suivant, la baie fut si fort agitée par la tempête qu'aucune chaloupe ne put aller au navire ni en venir. Le soir, le vent augmenta encore avec la nuit, et les pauvres matelots avaient tout lieu de craindre que chaque instant ne fût le dernier de leur vie. L'extrême obscurité rendait encore le danger et la mort même plus terribles. Je demeurais tout au haut d'une maison en pierre dans la partie la plus élevée de la ville, où l'ouragan ébranlait les vitres, le toit et presque toute la maison. Ma position et la situation dangereuse de ce vaisseau hollandais réveillèrent en moi de vifs souvenirs des glaces antarctiques et des diverses tempêtes que nous avions essuyées. Elles me firent sentir pleinement toute la douceur d'un bon lit, bien chaud, sur la terre ferme ; mais elles me pénétrèrent de la plus tendre compassion pour le navire en détresse. Cependant, contre toute espérance, ses ancres et ses câbles résistèrent à la tempête de cette nuit ; et le calme qui succéda le lendemain fit évanouir le danger et renaître la joie sur tous les visages. Un autre événement de ce genre, quoiqu'il soit arrivé durant mon absence et pendant mon voyage dans la mer du Sud, mérite d'avoir ici sa place, comme une nouvelle preuve du peu de sûreté de cette rade en hiver. Le récit qu'on va lire m'a été confirmé par plusieurs témoins oculaires.

Le 1ᵉʳ juin 1765, le navire *le Jong-Thomas*, qui était demeuré dans la baie de la Table jusqu'après le commencement de la saison des tempêtes, fut chassé sur le rivage de Zout-Rivier, vers le nord du fort. Dès le matin, aussitôt après cet événement, le gouvernement fit publier la défense à toutes personnes, sous peine de mort, d'approcher même de loin de ce malheureux rivage. Pour donner plus de poids et d'efficacité à leur défense, ses agents avaient, avec une égale promptitude, fait élever des gibets et posté des troupes de tous les côtés. Toutes ces précautions tendaient à empêcher que les marchandises naufragées qui pourraient être jetées sur le rivage ne fussent volées ; mais

aucune n'avait pour but de sauver l'équipage. La mer
était, il est vrai, impraticable ; et, quoique le vais-
seau fût naufragé fort près du bord, et qu'on entendît
très-distinctement leurs cris de détresse, les lames
étaient si grosses et se brisaient contre le navire et
contre le rivage avec tant de violence, qu'il était im-
possible aux hommes de se sauver dans les canots, et
plus dangereux encore de se sauver à la nage. Quel-
ques-uns des malheureux qui prirent ce dernier parti
furent lancés et poussés contre les rochers. D'autres,
ayant atteint le rivage et près du salut, furent en-
traînés et submergés par une autre vague. Un des
gardes de la ménagerie de la Compagnie qui, dès le
point du jour, avant que les défenses fussent publiées,
allait à cheval hors la ville, porter le déjeuner de son
fils, caporal dans la garnison, se trouva spectateur
du désastre de ces infortunés. A cette vue, il est tou-
ché d'une pitié si noble et si active, que se tenant
ferme sur son cheval, plein de cœur et de feu, il s'é-
lance avec lui à la nage, parvient jusqu'au navire,
encourage quelques-uns d'eux à tenir ferme un bout
de corde qu'il leur jette, quelques autres à s'attacher
à la queue du cheval, revient ensuite à la nage, et les
amène tous vivants au rivage. L'animal était excel-
lent nageur. Sa haute stature, la force et la fermeté
de ses muscles, triomphèrent de la violence des coups
de mer.

Mais le brave et héroïque vétéran devint lui-même
la malheureuse victime de sa générosité. Il avait déjà
sauvé quatorze naufragés ; après le septième tour,

Naufrage du *Jong-Thomas* (1775).

pendant qu'il restait à terre un peu plus de temps,
pour respirer et reposer son cheval, les malheureux
qui étaient encore sur le navire crurent qu'il n'avait
plus l'intention de revenir. Impatients de le revoir,
ils redoublèrent leurs prières et leurs cris : son âme
sensible fut émue; il retourna à leur secours avant
que son cheval fût suffisamment reposé. Alors un trop
grand nombre de naufragés voulurent se sauver à la
fois, et l'un d'eux, à ce qu'on croit, s'étant attaché
à la bride du cheval, lui attirait la tête sous le cou :
le pauvre animal déjà épuisé succomba sous la
charge.

Ce philanthrope intrépide mérite d'autant plus
notre admiration, qu'il ne savait nullement nager
lui-même. J'ai donc pensé qu'il était de mon devoir,
devoir qui fait mon plaisir, de consigner dans cet ou-
vrage le nom et l'action de cet homme, qui se nom-
mait *Woltemaade*. Frappés du même sentiment d'ad-
miration, les directeurs de la Compagnie des Indes
orientales en Hollande, à la première nouvelle de ce
fait, érigèrent à sa mémoire un monument digne d'eux
et de lui, en donnant son nom à un de leurs vaisseaux
nouvellement construit, et ordonnant que toute l'his-
toire fût peinte sur la poupe[1].

[1] Sparrmann, *Voyage au cap de Bonne-Espérance.*

VIII

NAUFRAGE AU PORT DE DIEPPE ; LE PILOTE JEAN BOUZARD

Le récit qui suit est extrait en partie de la relation publiée par le *Journal de Paris* (numéros 1 et 16, année 1778) :

« Pendant la nuit orageuse du 31 août 1777, vers les neuf heures du soir, un navire sorti du port de la Rochelle, chargé de sel, monté de huit hommes et de deux passagers, approcha des jetées de Dieppe. Le vent était impétueux, la mer si agitée qu'un pilote côtier essaya en vain quatre fois de sortir pour diriger son entrée dans le port. Jean Bouzard, l'un des autres pilotes, s'apercevant que le navire faisait une fausse manœuvre qui le mettait en danger, tenta de le guider avec le porte-voix et des signaux ; mais l'obscurité, le sifflement des vents, le fracas des vagues et la grande agitation de la mer empêchèrent le capitaine de voir et d'entendre : bientôt le vaisseau, ne pouvant plus être gouverné fut jeté sur le galet et échoua à trente toises de la jetée.

« Aux cris des malheureux qui allaient périr, Bouzard, sans s'arrêter aux représentations qu'on lui faisait, et à l'impossibilité apparente du succès, résolut d'aller à leur secours. D'abord il fait éloigner sa femme et ses enfants qui voulaient le retenir ; ensuite il se ceint le corps avec une corde dont le bout était attaché à la jetée, et se précipite au milieu des flots. Les marins seuls peuvent se former une idée du danger auquel il s'exposait.

« Après des efforts incroyables, Bouzard atteignait cependant la carcasse du navire, que la fureur de la mer mettait en pièces, lorsqu'une vague l'en arrache et le rejette sur le rivage ; il fut ainsi plusieurs fois repoussé par les flots et roulé violemment sur le galet. Son ardeur ne se ralentit point, il se replonge à la mer ; une vague violente l'entraîne sous le navire : on le croyait mort, lorsqu'il reparut, tenant dans ses bras un matelot qui avait été précipité du bâtiment, et qu'il apporta à terre sans mouvement et presque sans vie. Enfin, après plusieurs tentatives inutiles, entouré de débris qui augmentaient encore le danger et couvert de blessures, il parvient au vaisseau, s'y accroche et y lie sa corde. Il ranime et instruit l'équipage. Il fait toucher à chaque matelot cette corde salutaire qui leur trace un chemin au milieu des ténèbres et des flots ennemis. Il les porte même, quand les forces leur manquent ; il nage autour d'eux, et, luttant contre les vagues, il en dépose sept sur le rivage.

« Épuisé par son triomphe même, Bouzard gagne avec peine la cabane des pilotes : là, il succombe et reste quelques instants en défaillance. On venait de lui donner des secours et il reprenait ses esprits, lorsque de nouveaux cris frappent ses oreilles. La voix de l'humanité, plus efficace que toutes les liqueurs spiritueuses, lui rend sa première vigueur ; il court à la mer, s'y précipite une seconde fois, et est assez heureux pour sauver encore un des deux passagers, qui était resté sur le bâtiment et que sa faiblesse avait empêché de suivre les autres naufragés. Bouzard le saisit, le ramène, et rentre dans sa maison, suivi des huit échappés à la mort, qui le proclament leur sauveur. Des dix hommes qui montaient le navire, il n'en a péri que deux ; leurs corps ont été trouvés le lendemain sur le galet. »

L'intrépidité qu'a montrée Bouzard dans cette occasion périlleuse devient plus intéressante, plus admirable encore, lorsqu'on sait qu'elle est réfléchie de sa part ; que ce n'est point un instinct aveugle de courage, ou une simple impulsion d'humanité fortifiée par l'habitude de braver les dangers de la mer : c'est chez cet homme de bien une résolution toujours subsistante, formée depuis que son père a été noyé par la faute et la négligence du pilote chargé de hisser le fanal qui indique l'entrée du port pendant la nuit. En servant si chaudement l'humanité, c'est à la piété filiale que Bouzard paye un tribut.

Les habitants de Dieppe ont témoigné leur admiration à leur brave concitoyen, et, depuis, le gouvernement a acquitté la dette de l'État à son égard, en répandant sur lui des bienfaits. M. Necker, après avoir rendu compte au roi de la belle action de Bouzard, prit ses ordres et écrivit lui-même au pilote de Dieppe la lettre suivante :

« Brave homme,

« Je n'ai su qu'avant-hier, par M. l'intendant, l'action courageuse que vous avez faite le 31 août, et hier j'en ai rendu compte au roi, qui m'a ordonné de vous témoigner sa satisfaction, et de vous annoncer de sa part une gratification de mille francs et une pension annuelle de trois cents livres. J'écris en conséquence à M. l'intendant. Continuez à secourir les autres, quand vous le pourrez, et faites des vœux pour votre bon roi, qui aime les braves gens et les récompense. »

Le contenu de cette lettre fut bientôt publié à Dieppe. Tous les concitoyens de Bouzard vinrent le féliciter et le pressèrent vivement d'aller à Paris, et de se présenter au roi pour lui en témoigner sa reconnaissance. Bouzard se rendit à leurs vœux, et le maire de Dieppe le conduisit à Versailles, après l'avoir présenté à M. Necker. Il fut placé sur le passage de la famille royale. Le duc d'Ayen le fit apercevoir au roi, qui dit en le regardant avec sensibilité : « Voilà un brave homme, et véritablement un brave homme ! »

Bouzard reçut ensuite des ministres et des principales personnes de la cour l'accueil le plus flatteur. Né brave, et ne voyant dans son action que le devoir

5

d'un homme envers les autres, il était étonné des marques de bonté dont il était l'objet. « J'ai fait, disait-il, beaucoup d'actions comme celle-là ; je ne sais pourquoi ma dernière fait tant de bruit. Mes camarades sont aussi braves que moi. »

Dans le courant de l'automne de 1786, Bouzard apprit vers le milieu de la nuit qu'une barque périssait à peu de distance des jetées. Attiré par les cris des malheureux qui se débattaient dans les flots, il leur jeta des cordes et appela à son aide les marins qui se trouvaient sur le rivage. L'obscurité était si grande, qu'il ne pouvait apercevoir ceux qui étaient dans le péril, et qu'eux-mêmes avaient de la peine à distinguer le secours qu'on leur présentait. Le fils de Bouzard était du nombre des six hommes naufragés ; il fut assez adroit pour s'emparer d'une corde qui l'aurait conduit promptement à la jetée ; mais voyant à ses côtés un malheureux enfant de quatorze ans, dont les forces étaient déjà épuisées et qui se laissait entraîner par les vagues, il résolut, au risque de sa vie, de le sauver du danger. Pour y parvenir plus sûrement, il lui passa le bout de la corde sous le bras et se le passa lui-même entre les cuisses. Ce double fardeau la fit rompre ; un cri de celui qui tenait cette corde avertit Bouzard père de l'accident ; il en jeta promptement une autre, que son fils saisit. Ce jeune homme intrépide était décidé à ne pas abandonner dans une situation aussi critique l'enfant qu'il avait pris sous sa sauvegarde, qui s'attachait fortement à lui et qui plongeait chaque fois qu'il lâchait prise. Il le lia de nouveau

avec cette seconde corde, et fut assez heureux, à l'aide
de son père, pour le remonter sur la jetée. Trois au-
tres furent également enlevés aux flots par le secours
de Bouzard.

Cette belle action de Bouzard fils, qui l'associe à la
gloire de son père, n'était point le coup d'essai de son

La maison Bouzard, à Dieppe.

courage ; en 1784, il avait déjà sauvé la vie à quatre
naufragés.

Louis XVI avait conçu la pensée de donner en ré-
compense à Bouzard une maison bâtie sur la jetée de
Dieppe. Napoléon, se trouvant dans cette ville, voulut
accomplir son vœu, et affecta une somme de huit mille

francs pour la construction de ce petit monument. Le vieux Bouzard n'existait plus, mais l'empereur se fit présenter le fils, devenu, jeune encore, une nouvelle providence pour les naufragés, et lui attacha de sa main la croix d'honneur sur la poitrine, en le félicitant d'avoir été le digne héritier du courage et du dévouement de son père.

Le fils de ce second Bouzard, préposé à son tour à la garde du phare et du pavillon sur la jetée de Dieppe, avait aussi été décoré d'une médaille d'argent et d'une médaille d'or pour ses services et son dévouement ; en 1854, il reçut, comme son père, la croix de la Légion d'honneur.

La maison Bouzard, que les travaux d'amélioration de l'entrée du port obligèrent plus tard de détruire, portait cette inscription :

RÉCOMPENSE NATIONALE

A J.-A. BOUZARD

POUR SES SERVICES MARITIMES

En 1867, lors du baptême d'un canot de sauvetage à Dieppe, canot qui portait le nom de *Jean-Bouzard*, son petit-fils, au milieu du cortége de la fête, tenait le guidon du canot, et les autres descendants du sauveteur portaient, avec un respect filial, le buste de celui qui a donné à leur famille de véritables lettres de noblesse.

IX

RELATION DE LA PÉROUSE

Le plan du voyage de circumnavigation dans lequel disparurent les deux frégates de la Pérouse avait été dressé sous la direction de Louis XVI, qui avait écrit de sa main des instructions pour cette expédition, destinée à une nouvelle exploration des parages déjà parcourus par le capitaine Cook. Il en avait confié le commandement à l'un des héros de la guerre de l'indépendance d'Amérique, François Galaup de la Pérouse, dont l'âme élevée était faite pour comprendre et réaliser les généreux désirs du souverain, qui disait dans ses instructions : « Le sieur de la Pérouse, dans toutes les occasions, en usera avec beaucoup de douceur et d'humanité envers les différents peuples qu'il visitera dans le cours de son voyage.

« Il s'occupera avec zèle et intérêt de tous les moyens qui peuvent améliorer leur condition, en procurant à leur pays les légumes, les fruits et les arbres utiles d'Europe, en leur faisant connaître l'usage qu'ils doivent faire de ces présents, dont l'objet est de multiplier sur leur sol les productions nécessaires à des peuples qui tirent presque toute leur nourriture de la terre.

« Si des circonstances impérieuses, qu'il est de la prudence de prévoir dans une longue expédition, obli_geaient jamais le sieur de la Pérouse à faire usage de la supériorité de ses armes sur celles des peuples sauvages pour se procurer, malgré leur opposition, les objets nécessaires à la vie, tels que des substances, du bois, de l'eau, il n'userait de la force qu'avec la plus grande modération, et punirait avec rigueur ceux de ses gens qui auraient outre-passé ses ordres. Dans tous les autres cas, s'il ne peut obtenir l'amitié des sauvages par les bons traitements, il cherchera à les contenir par la crainte et les menaces; mais il ne recourra aux armes qu'à la dernière extrémité, seulement pour sa défense, et dans les conditions où tout ménagement compromettrait décidément la sûreté des bâtiments et la vie des Français dont la conservation lui est confiée.

« Sa Majesté regarderait comme un des succès les plus heureux de l'expédition qu'elle pût être terminée sans qu'il en eût coûté la vie à un seul homme. »

La Pérouse mit à la voile de la rade de Brest, le 1er août 1785. Les savants embarqués sur les deux frégates devaient chercher à résoudre les problèmes scientifiques et géographiques soulevés par les dernières navigations célèbres. La Pérouse montait la *Boussole*. Il avait désigné, pour le commandement de l'*Astrolabe*, le vicomte de Langle, capitaine de vaisseau, qui l'avait secondé dans sa campagne victorieuse contre les Anglais, au milieu des glaces de la baie d'Hudson.

Après avoir visité l'océan Pacifique, l'expédition vint atterrir au mont Saint-Élie de Behring, sur la côte nord-ouest d'Amérique, dont elle fit une reconnaissance détaillée sur une étendue de plus de six cents lieues. C'est pendant cette reconnaissance que la Pérouse, qui jusqu'alors n'avait pas perdu un seul homme, éprouva son premier revers, dont nous empruntons le récit à la relation même de son voyage[1] :

« C'est avec la plus vive douleur que je vais tracer l'histoire d'un désastre mille fois plus cruel que les maladies et tous les autres événements des plus longues navigations. Je cède au devoir rigoureux que je me suis imposé d'écrire cette relation, et je ne crains pas de laisser connaître que mes regrets ont été, depuis cet événement, cent fois accompagnés de mes larmes, que le temps n'a pu calmer ma douleur ; chaque objet, chaque instant me rappelle la perte que nous avons faite, et dans une circonstance où nous croyions si peu avoir à craindre un pareil événement.

« Les sondes du port des Français[2] devaient être placées sur le plan des ingénieurs par les officiers de

---

[1] La Pérouse, *Voyage autour du monde*. Paris, 1797.
[2] Baie située à l'est du cap Fairweather.]

la marine ; en conséquence, la biscaïenne de l'*Astro-labe*, aux ordres de M. de Marchainville, fut commandée pour le lendemain, et je fis disposer celle de ma frégate, ainsi que le petit canot, dont je donnai le commandement à M. Boutin. M. d'Escures, mon premier lieutenant, chevalier de Saint-Louis, commandait la biscaïenne de la *Boussole*, et était le chef de cette petite expédition. Comme son zèle m'avait paru quelquefois un peu ardent, je crus devoir lui donner des instructions par écrit. Les détails dans lesquels j'étais entré sur la prudence que j'exigeais lui parurent si minutieux qu'il me demanda si je le prenais pour un enfant, ajoutant qu'il avait déjà commandé des bâtiments. Je lui expliquai amicalement le motif de mes ordres ; je lui dis que M. de Langle et moi avions sondé la passe de la baie deux jours auparavant, et que j'avais trouvé que l'officier commandant le deuxième canot qui était avec nous avait passé trop près de la pointe, sur laquelle même il avait touché ; j'ajoutai que de jeunes officiers croient qu'il est du bon ton, pendant les siéges, de monter sur le parapet des tranchées, et que ce même esprit lui fait braver, dans les canots, les roches et les brisants ; mais que cette audace peu réfléchie pouvait avoir les suites les plus funestes dans une campagne comme la nôtre, où ces sortes de périls se renouvelaient à chaque minute. Après cette conversation, je lui remis ses instructions, que je lus à M. Boutin[1].

---

[1] Ces instructions commençaient ainsi : « Avant de faire connaître à M. d'Escures l'objet de sa mission, je le préviens qu'il lui est expres-

« Ces instructions ne devaient me laisser aucune crainte. Elles étaient données à un homme de trente-trois ans, qui avait commandé des bâtiments de guerre, combien de motifs de sécurité !

« Nos canots partirent, comme je l'avais ordonné, à six heures du matin ; c'était autant une partie de plaisir que d'instruction et d'utilité : on devait chasser et déjeuner sous des arbres. Je joignis à M. d'Escures M. de Pierrevert et M. de Montarnac, le seul parent que j'eusse dans la marine, et auquel j'étais aussi tendrement attaché que s'il eût été mon fils ; jamais jeune officier ne m'avait donné plus d'espérance, et M. de Pierrevert avait acquis déjà ce que j'attendais très-incessamment de l'autre.

« Les sept meilleurs soldats du détachement composaient l'armement de cette biscaïenne, dans laquelle le maître pilote de ma frégate s'était aussi embarqué pour sonder. M. Boutin avait pour second, dans son petit canot, M. Mouton, lieutenant de frégate : je savais que le canot de l'*Astrolabe* était commandé par M. de Marchainville ; mais j'ignorais s'il y avait d'autres officiers.

« A dix heures du matin, je vois revenir notre petit canot. Un peu surpris, parce que je ne l'attendais pas si tôt, je demandai à M. Boutin, avant qu'il fût monté à bord, s'il y avait quelque chose de nouveau. Je craignis, dans ce premier instant, quelque attaque des sauvages : l'arrivée de M. Boutin n'était pas propre-

sément défendu d'exposer les canots à aucun danger, et d'approcher la passe si elle brise.

à me rassurer ; la plus vive douleur était peinte sur
son visage. Il m'apprit bientôt le naufrage affreux dont
il venait d'être témoin, et auquel il n'avait échappé que
parce que la fermeté de son caractère lui avait per-
mis de voir toutes les ressources qui restaient dans
un si extrême péril. Entraîné, en suivant son com-
mandant, au milieu des brisants qui portaient dans la
passe, pendant que la marée sortait avec une vitesse
de trois à quatre lieues par heure, il imagina de pré-
senter à la lame l'arrière de son canot, qui, de cette
manière, poussé par cette lame et lui cédant, pouvait
ne pas se remplir, mais devait cependant être entraîné
au dehors, à reculons, par la marée. Bientôt il vit les
brisants à l'avant de son canot, et il se trouva dans
la grande mer. Plus occupé du salut de ses camarades
que du sien propre, il parcourut le bord des brisants,
dans l'espoir de sauver quelqu'un ; il s'y engagea
même, mais il fut repoussé par la marée. Enfin, il
monta sur les épaules de M. Mouton, afin de découvrir
un plus grand espace : vain espoir ! tout avait été en-
glouti....

« La mer étant devenue belle, un officier avait con-
servé quelque espérance pour la biscaïenne de l'*Astro-
labe* ; il n'avait vu périr que la nôtre. M. de Marchain-
ville était dans ce moment à un grand quart de lieue
du danger, c'est-à-dire dans une mer aussi parfaite-
ment tranquille que celle du port le mieux fermé ;
mais ce jeune officier, poussé par une générosité sans
doute imprudente, puisque tout secours était impos-
sible dans ces circonstances, ayant l'âme trop élevée,

Naufrage de deux chaloupes dans le port français (1785).

le courage trop grand pour faire cette réflexion lorsque
ses amis étaient dans un si extrême danger, vola à leur
secours, se jeta dans les mêmes brisants, et, victime
de sa générosité et de la désobéissance formelle de son
chef, périt comme lui.

« Bientôt M. de Langle arriva à mon bord, aussi ac-
cablé de douleur que moi-même, et m'apprit, en ver-
sant des larmes, que le malheur était encore plus
grand que je ne croyais. Depuis notre départ de
France, il s'était fait une loi de ne jamais détacher
les deux frères (MM. la Borde-Marchainville et la Borde-
Boutervilliers) pour une même corvée, et il avait cédé,
dans cette seule occasion, au désir qu'ils avaient té-
moigné d'aller se promener et chasser ensemble ; car
c'était presque sous ce point de vue que nous avions
envisagé, l'un et l'autre, la course de nos canots, que
nous croyions aussi peu exposés que dans la rade de
Brest, lorsque le temps est très-beau.

« Les pirogues des sauvages vinrent dans ce même
moment nous annoncer ce funeste événement ; les si-
gnes de ces hommes grossiers exprimaient qu'ils avaient
vu périr les deux canots, et que tous secours avaient
été impossibles. Nous les comblâmes de présents, et
nous tâchâmes de leur faire comprendre que toutes
nos richesses appartiendraient à celui qui aurait sauvé
un seul homme.

« Rien n'était plus propre à émouvoir leur huma-
nité ; ils coururent sur les bords de la mer et se ré-
pandirent sur les deux côtés de la baie. J'avais déjà
envoyé ma chaloupe, commandée par M. de Clonard,

vers l'est, où si quelqu'un, contre toute apparence, avait eu le bonheur de se sauver, il était probable qu'il aborderait. M. de Langle se porta sur la côte de l'ouest, afin de ne rien laisser à visiter, et je restai à bord, chargé de la garde des deux vaisseaux, avec les équipages nécessaires pour n'avoir rien à craindre des sauvages, contre lesquels la prudence voulait que nous fussions toujours en garde. Presque tous les officiers et plusieurs autres personnes avaient suivi MM. de Langle et Clonard; ils firent trois lieues sur le bord de la mer, où le plus petit débris ne fut pas même jeté. J'avais cependant conservé un peu d'espoir; l'esprit s'accoutume avec peine au passage si subit d'une situation douce à une douleur si profonde; mais le retour de nos canots et chaloupes détruisit cette illusion et acheva de me jeter dans une consternation que les expressions les plus fortes ne rendront jamais que très-imparfaitement.

« Il ne nous restait plus qu'à quitter promptement un pays qui nous avait été si funeste; mais nous devions encore quelques jours aux familles de nos malheureux amis. Un départ trop précipité aurait laissé des inquiétudes, des doutes en Europe. Avant notre départ, nous érigeâmes sur l'île du milieu de la baie, à laquelle je donnai le nom d'*Ile du Cénotaphe*, un monument à la mémoire de nos malheureux compagnons. M. de Lamanon composa une inscription qu'il enterra dans une bouteille au pied de ce cénotaphe. »

On sait que, dans la suite de son voyage, la Pérouse, en complétant la découverte de l'archipel des Navigateurs de Bougainville, perdit son compagnon et son ami, le capitaine de Langle, massacré par les sauvages avec une partie de l'équipage des embarcations qu'il commandait. Après ce nouveau malheur, la Pérouse fit voile pour l'archipel de Tonga, et de là pour l'Australie, d'où furent expédiées les dernières dépêches que le ministre de la marine reçut de lui, datées de Botany-Bay, le 7 février 1788.

Trois années s'écoulèrent sans qu'aucune nouvelle de l'expédition parvînt dans nos ports de mer. Le 22 janvier 1791, la Société d'histoire naturelle de Paris, se faisant l'écho de l'anxiété générale, adressa à l'Assemblée nationale une pétition qui se terminait ainsi :

« Nous demandons à l'Assemblée nationale de prier le roi :

« 1° D'ordonner au ministre de la marine de communiquer à ses comités les ordres et les instructions remises à M. de la Pérouse, afin de fixer la route que suivront les navigateurs ;

« 2° D'envoyer, le plus tôt possible, des vaisseaux pour chercher M. de la Pérouse, et de joindre à l'équipage des naturalistes et des astronomes ;

« 3° D'inviter, par une adresse, tous les peuples dont les vaisseaux parcourent la mer du Sud à prendre, à cet égard, toutes les informations que peut inspirer l'amour de l'humanité. »

Le rapport sur cette pétition fait par M. Delattre à l'Assemblée nationale renfermait le passage suivant :

« De pareils actes, messieurs, illustrent aussi la nation qui sait s'y livrer, et le sentiment d'humanité qui y détermine caractérisera notre siècle. Ce n'est plus pour envahir et ravager que l'Européen pénètre sous les latitudes les plus reculées, mais pour y porter des jouissances et des bienfaits; ce n'est plus pour y ravir des métaux corrupteurs, mais pour y conquérir ces végétaux utiles qui peuvent rendre la vie de l'homme plus douce et plus facile. Enfin l'on verra, et les nations les plus sauvages ne le considéreront pas sans attendrissement, l'on verra aux bornes du monde de pieux navigateurs interrogeant avec anxiété, sur le sort de leurs frères, les hommes et les déserts, les antres, les rochers, les écueils; l'on verra sur les mers les plus perfides, dans les sinuosités des archipels les plus dangereux, autour de toutes ces îles peuplées d'anthropophages, errer des hommes recherchant d'autres hommes, pour se précipiter dans leurs bras, les secourir et les sauver. »

A la suite de ce rapport, l'Assemblée nationale rendit un décret portant que le roi serait prié : 1° de donner des ordres à tous les agents diplomatiques français pour qu'ils eussent à faire faire les recherches les plus actives relativement aux frégates *la Boussole* et *l'Astrolabe*; 2° de faire armer un ou plusieurs bâtiments, avec la mission spéciale de rechercher M. de la Pérouse.

En exécution de ce décret, deux frégates, la *Recherche* et l'*Espérance*, furent armées à Brest : le commandement en fut confié au contre-amiral Bruni d'Entrecasteaux, qui monta la *Recherche*. L'expédition

sortit de Brest le 28 septembre 1791. Elle n'avait
encore recueilli aucun renseignement sur la Pérouse,
lorsque d'Entrecasteaux mourut du scorbut, après
deux années environ d'actives recherches, pendant les-
quelles le commandant de l'*Espérance*, Huon de Ker-
madec, avait aussi succombé. L'expédition continua
son infructueuse exploration sous le commandement
des capitaines d'Auribeau et de Rossel jusqu'en oc-
tobre 1793. Les deux frégates, arrivées vers cette date
à Java, y tombèrent au pouvoir des Hollandais, alors
en guerre avec la France.

Les recherches officielles furent interrompues par
la révolution et par les tourmentes politiques qui la
suivirent. Pendant plusieurs années on ne recueillit
que des bruits incertains rapportés par les navires
qui traversaient l'Océanie. En 1826, le capitaine an-
glais Dillon, qui avait déjà fait plusieurs voyages en
Océanie, ayant abordé à l'île de Tucopia, voisine de
l'archipel de Viti, y trouva entre les mains d'un natu-
rel de cette île une poignée d'épée en argent sur la-
quelle était gravé un chiffre qui pouvait être celui de
la Pérouse. Interrogé sur la provenance de cet objet,
le sauvage répondit qu'il venait, ainsi que beaucoup
d'autres de fabrique européenne, d'une île assez éloi-
gnée, nommée *Vanikoro*, près de laquelle deux grands
navires avaient autrefois fait naufrage. Ces renseigne-
ments, et les objets assez nombreux qu'il put joindre
à la poignée d'épée, persuadèrent au capitaine Dillon
que les bâtiments naufragés devaient être ceux de la
Pérouse. Arrêté par le calme et les vents contraires,

il ne put alors se rendre à Vanikoro; mais dès son retour à Pondichéry, il s'empressa de faire connaître sa découverte au gouverneur du Bengale, qui, après avoir fait examiner la poignée d'épée qu'il portait, conclut, d'après sa forme et le chiffre qui y était gravé, qu'elle avait dû appartenir à la Pérouse lui-même.

S'appuyant sur le décret de l'Assemblée nationale qui « prescrivait à tous les ambassadeurs, consuls et autres agents français dans les pays étrangers d'inviter, au nom de l'humanité, des arts et des sciences, les souverains de ces pays à ordonner à tous les navigateurs et agents quelconques de s'enquérir de toutes les manières possibles du sort de la *Boussole* et de l'*Astrolabe* que commandait la Pérouse, » la Compagnie du Bengale, acceptant l'offre du capitaine Dillon, lui confia le commandement d'un navire, *the Research*, avec la mission de se rendre à Vanikoro et d'y faire toutes les recherches nécessaires, que devait faciliter une quantité considérable d'objets destinés à être distribués dans l'île. Le 8 septembre 1827, la *Recherche* arrivait à Vanikoro. Le capitaine Dillon s'occupa d'y recueillir tous les objets du naufrage qu'il put reconnaître. Les plus importants étaient une grande cloche en bronze portant la marque de la fonderie de Brest, quatre pierriers et un morceau de sapin décoré de fleurs de lis et d'autres sculptures, qui avaient dû appartenir au couronnement de l'une des frégates. Les différents récits du naufrage, faits par les naturels, pouvaient se résumer dans la version suivante :

Bien des années auparavant, deux grands vaisseaux étaient arrivés près de leur île, et y avaient jeté l'ancre. Pendant une violente tempête, l'un des vaisseaux avait touché sur les récifs et s'était enfoncé dans la mer. L'autre avait échoué sur les roches voisines de Païou. Les étrangers échappés au désastre restèrent quelque temps dans l'île et y construisirent un petit vaisseau avec les débris du grand. Ces étrangers étaient des esprits, qui faisaient des signes au soleil et à la lune (allusion aux observations astronomiques). Dès que leur petit vaisseau fut prêt, ils s'en allèrent dedans et l'on n'en entendit plus parler. Les objets recueillis provenaient du vaisseau échoué, dans lequel les naturels allaient plonger à basse mer, tant qu'il n'avait pas été entièrement détruit.

Le capitaine Dillon se fit conduire sur le lieu du naufrage, où il trouva encore quelques morceaux de fer. Ses persévérantes recherches lui donnèrent la presque certitude que les nouveaux objets qu'il avait obtenus par échange appartenaient au bâtiment de la Pérouse. Envoyé en France par la Compagnie du Bengale avec la plupart de ces objets, il fut nommé chevalier de la Légion d'honneur par Charles X, qui lui accorda en outre une pension pour l'indemniser des frais de son voyage.

Dumont d'Urville qui, en 1826, avait été chargé d'explorer avec l'*Astrolabe* les régions peu connues de l'Océanie et d'y rechercher les traces de la Pérouse, apprit à Hobart-Town, sur la terre de Van-Diémen, la découverte du capitaine Dillon à Vanikoro. Il se dirigea vers cette île, où il arriva le 21 février 1828, et dont il fit explorer les récifs, recueillant en même temps les objets provenant du sauvetage et les traditions du sinistre. Une première excursion, faite en dedans de la ceinture de brisants qui environne l'île, confirma le fait du naufrage, mais ne procura aucun document précis sur la partie du récif où il avait eu lieu. Une seconde exploration dirigée par M. Jacquinot, lieutenant de vaisseau, fut plus heureuse, après avoir d'abord échoué devant les craintes des naturels, dont on n'obtenait que des réponses évasives ou mensongères.

« En quittant Vanou, dit Dumont d'Urville dans sa relation, le canot se dirigea vers Nama, village situé à deux milles plus loin. Les Français y furent accueillis d'un œil plus ouvert qu'à Vanou ; cependant leurs questions, leurs promesses et leurs efforts y furent longtemps aussi infructueux. M. Jacquinot se proposait déjà de continuer sa route vers Païou, lorsqu'il s'avisa de déployer un morceau de drap rouge; la vue de cet objet produisit un tel effet sur l'esprit d'un sauvage, qu'il sauta sur-le-champ dans le canot, et s'offrit à le conduire sur le lieu du naufrage, pourvu qu'on lui donnât le précieux morceau d'étoffe. Le marché fut aussitôt conclu.

« La chaîne des récifs qui forme comme une immense ceinture autour du Vanikoro, à la distance de deux ou trois milles au large, près de Païou et devant un lieu nommé Ambi, se rapproche beaucoup de la côte, dont elle n'est guère éloignée de plus d'un

Débris du naufrage de la Pérouse, au musée du Louvre.

mille. Ce fut là, dans une espèce de coupée au travers des brisants, que le noir arrêta le canot et fit signe aux Français de regarder au fond de l'eau. En effet, à la profondeur de douze ou quinze pieds, ils distinguèrent bientôt, disséminés çà et là et empâtés de coraux, des ancres, des canons, des boulets et divers autres objets, surtout de nombreuses plaques de plomb. A ce spectacle, tous leurs doutes furent dissipés; ils restèrent convaincus que les tristes débris qui frappaient leurs yeux étaient les derniers témoins du désastre des navires de la Pérouse.

« Il ne restait plus que des objets en fer, cuivre ou plomb; tout le bois avait disparu, détruit sans doute par le temps et le frottement des lames. La disposition des ancres faisait présumer que quatre d'entre elles avaient coulé avec le navire, tandis que les deux autres avaient pu être mouillées. L'aspect des lieux permettait de supposer que le navire avait tenté de s'introduire au dedans du récif par une espèce de passe; qu'il avait échoué et n'avait pu se dégager de la position qui lui était devenue fatale. Suivant le récit de quelques sauvages, ce navire aurait été celui dont l'équipage avait pu se sauver à Païou et y construire un petit bâtiment, tandis que l'autre aurait échoué en dehors du récif, où il se serait tout à fait englouti. »

On parvint à extraire de la croûte des coraux qui tapissaient la mer une ancre de 1800 livres, un canon court en fonte et deux pierriers en cuivre. Avant de quitter les dangereux écueils de Vanikoro et la plage malsaine où des fièvres épidémiques avaient atteint la moitié de son équipage, Dumont d'Urville, malade lui-même, fit ériger en l'honneur de la Pérouse un monument modeste, sur lequel était gravée l'inscription suivante : *A la mémoire de la Pérouse et de ses compagnons. — L'Astrolabe, 14 mars 1828.*

A l'entrée du musée de la marine au Louvre, les débris provenant du naufrage ont été disposés sur une pyramide, destinée à perpétuer aussi le souvenir de la gloire et des malheurs de la Pérouse.

X

NAUFRAGE DE LA MÉDUSE

D'APRÈS LA RELATION DE MM. CORRÉARD ET SAVIGNY, NAUFRAGÉS DU RADEAU

Les traités de 1815 ayant restitué le Sénégal à la France, une expédition y fut envoyée pour en prendre possession. Elle portait le gouverneur de la colonie avec des troupes, et se composait de quatre bâtiments : la frégate *la Méduse*, de 44 canons, la corvette *l'Écho*, la gabare *la Loire* et le brick *l'Argus*. Le commandant en chef était M. Duroys de Chaumareys, qui, lieutenant de vaisseau avant la Révolution, avait émigré et cessé depuis plus de vingt-cinq ans d'exercer sa profession. A son ignorance il joignait d'ailleurs un esprit léger et un égoïsme qui le fit manquer à tous ses devoirs. Il s'était fait accompagner d'un officier étranger à son état-major, nommé de Richefort, dont il prenait conseil pour ne pas être exposé à laisser paraître son inexpérience devant ses subordonnés, et cet officier lui-même était aussi présomptueux qu'incapable.

La flottille partit de Rochefort le 17 juin 1816, et le commencement de la navigation ne présenta aucun incident remarquable. La marche de la *Méduse* était supérieure à celle des autres bâtiments. M. de Chaumareys, se lassant de faire petite voile pour les attendre, les quitta et se dirigea seul avec toute la vitesse qu'il pouvait atteindre vers le but de l'expédition, manquant ainsi tout d'abord à un devoir important.

Le 1ᵉʳ juillet, on dépassa le cap Boyador et on fêta le passage du tropique. « Notre équipage, dit M. Corréard, passager sur la *Méduse*, dans la relation que nous suivons en grande partie[1], se livra selon la coutume aux burlesques cérémonies du « baptême » et de la distribution des dragées du « bonhomme Tropique ». Cet usage bizarre a pour principal but de fournir aux matelots, diversement déguisés en dieux marins, l'occasion de recueillir de l'argent des passagers et des gens de l'équipage, qui se rachètent ainsi de l'immersion. C'était pendant ces jeux, qui durèrent trois heures, qu'on peut bien appeler mortelles, que nous courions à notre perte. M. de Chaumareys cependant présidait cette farce avec une rare bonhomie, tandis que l'officier qui avait capté sa confiance se promenait sur l'avant de la frégate et jetait un œil indifférent sur une côte toute hérissée de dangers dont le

---

[1] *Naufrage de la frégate la Méduse*, par A. Corréard, ingénieur géographe, et H. Savigny, chirurgien de marine.

nombre et l'imminence échappaient sans doute à sa pénétration.

Les instructions du ministre prescrivaient de reconnaître le cap Blanc, de courir vingt-deux lieues au large et de revenir ensuite vers la terre avec les plus grandes précautions et la sonde à la main. C'est ce que firent les autres bâtiments de l'expédition, qui arrivèrent sans accident à Saint-Louis. Mais M. de Chaumareys, dans la pensée d'arriver plus vite, prit la route du sud après avoir marché dix lieues seulement à l'ouest à partir du cap Blanc, reconnu très-imparfaitement.

Plusieurs passagers, qui connaissaient les dangers de ces côtes, commencèrent à s'alarmer, pensant que la route suivie rapprochait trop la frégate des parages du banc d'Arguin, mais leurs avis furent méprisés. On sondait de deux en deux heures en mettant en panne, et, comme on se croyait le matin du 2 juillet par plus de cent brasses d'eau, on mit le cap au sud-sud-est qui portait encore plus directement vers la terre.

A midi, un enseigne de vaisseau, après avoir fait le point, assurait qu'on se trouvait sur l'accore du banc, et il fit part de son observation à l'officier qui depuis plusieurs jours donnait des conseils au commandant sur la route à tenir. « Laissez donc, répondit celui-ci, nous sommes par les quatre-vingts brasses. » « La couleur de l'eau était entièrement changée, dit M. Corréard ; des herbes nombreuses paraissaient le long du bord, et l'on prenait beaucoup de poisson. Tous ces faits prouvaient, à n'en pas douter, que nous étions sur un haut-fond; la sonde annonça effectivement dix-huit brasses seulement. L'officier de quart fit tout de suite prévenir le commandant, qui ordonna de venir un peu plus au vent. Nous étions grand largue, les bonnettes à babord. On amena aussitôt ces voiles; la sonde fut lancée de nouveau et donna six brasses. Le capitaine en fut prévenu; en toute hâte, il ordonna de serrer le vent le plus possible; mais il n'était malheureusement plus temps. La frégate, en loffant, donna presque aussitôt un coup de talon; elle courut encore un moment, en donna un second, enfin un troisième. Elle s'arrêta dans un endroit où la sonde ne donna que 5 mètres 60 centimètres d'eau, et c'était l'instant de la pleine mer. Nous nous trouvâmes dans cette position fatale précisément à l'époque des fortes marées, temps qui nous était le plus défavorable, parce qu'elles allaient perdre et que nous touchâmes pendant que l'eau était le plus élevée. »

L'échouage eut lieu le 4 à trois heures un quart de l'après-midi. Cet événement répandit sur la frégate la plus sombre consternation. On voulut prendre les dispositions ordinaires pour dégager le bâtiment; après l'avoir allégé, on mouilla successivement des ancres dans différentes directions et on vira sur les grelins, mais ces manœuvres, prolongées durant deux jours entiers, restèrent infructueuses.

Dans la prévision de la perte du navire, on tint conseil pour chercher comment on pourrait assurer une retraite à l'équipage. Le gouverneur du Sénégal

donna le plan d'un radeau qu'il crut susceptible de
porter deux cents hommes avec des vivres. On fut
obligé d'avoir recours à un moyen de cette nature,
parce que les six embarcations du bord furent jugées
incapables de se charger des quatre cents hommes
présents. Les vivres devaient être déposés sur le ra-
deau, et aux heures des repas les équipages des canots
seraient venus y prendre leurs rations. Débarquant
sur les côtes sablonneuses du désert, on se serait
formé en caravane pour se diriger vers Saint-Louis.
Les événements qui eurent lieu dans la suite prouvè-
rent que ce plan était parfaitement conçu et qu'il eût
été couronné de succès ; par malheur, l'exécution de
ces décisions fut entravée par les désolantes sugges-
tions de l'égoïsme.

Un moment, la *Méduse* se mit à éviter d'une ma-
nière sensible ; elle était presque à flot, et à marée
haute l'arrière seul touchait encore un peu. On avait
grand espoir pour le lendemain ; mais dans la nuit du
4 au 5, le ciel s'obscurcit, le vent se leva, la mer
grossit, et la frégate fut de plus en plus remuée.
« Elle commença, dit M. Corréard, à donner de forts
coups de talon qui se multipliaient en augmentant de
violence. A chaque instant, nous nous attendions à la
voir s'entr'ouvrir ; la consternation devint de nouveau
générale, et nous acquîmes bientôt la certitude cruelle
que le bâtiment était perdu sans ressource. Il creva
au milieu de la nuit ; sa quille se brisa en deux par-
ties ; le gouvernail se démonta et ne tint plus à l'ar-
rière que par ses chaines, ce qui lui fit faire un ravage

épouvantable. Il produisait l'effet d'un bélier hori-
zontal qui, ébranlé avec violence par les vagues, frap-
pait à coups redoublés la poupe du navire. Aussi tout
l'arrière du parquet de la chambre du commandant
était soulevé; l'eau entrait d'une manière effrayante.
Bientôt aux dangers de la mer vinrent se joindre les
premières menaces du danger des passions soulevées
par le désespoir et dégagées de tout frein par le senti-
ment impérieux de la conservation personnelle. Vers
les onze heures, il éclata une espèce de révolte, sus-
citée par quelques militaires, qui persuadèrent à leurs
camarades qu'on voulait les abandonner. Plusieurs
soldats avaient saisi leurs armes et s'étaient rangés
sur le pont, dont ils occupaient tous les passages; mais
la présence du gouverneur et des officiers suffit pour
lors à calmer les esprits et à rétablir l'ordre.

« Bientôt après, le radeau, entraîné par la force du
courant et de la mer, cassa l'amarrage qui le retenait
à la frégate; il s'en allait en dérive. Des cris annon-
cèrent cet accident; on envoya de suite un canot qui
le ramena à bord. Cette nuit fut extrêmement pénible
Tourmentés par l'idée que notre bâtiment était entiè-
rement perdu, ballottés par les forts mouvements que
lui imprimaient les vagues, nous ne pûmes prendre
un seul instant de repos.

« Le lendemain 5, à la pointe du jour, il y avait
près de trois mètres d'eau dans la cale et les pompes
ne pouvaient plus franchir : il fut décidé qu'il fallait
évacuer le plus promptement possible. »

Le radeau était long de 20 mètres et large de 7. Il

était composé des mâts de hune de la frégate, des ver-
gues, des jumelles, d'espars, etc. Ces différentes
pièces étaient jointes les unes aux autres par des amar-
rages. Deux mâts de hune formaient les pièces princi-
pales et étaient placés sur les côtés; quatre autres

Construction du radeau de la *Méduse* (1816).

mâts étaient réunis deux à deux au centre de la ma-
chine. Des planches clouées par-dessus ce premier
plan formaient une espèce de parquet. Toutefois cette
construction très-imparfaite n'avait pas été entière-
ment achevée. On y fit descendre cent vingt-deux mi-
litaires, vingt-trois marins et passagers. Le grand
canot reçut trente-cinq personnes; le canot major,

quarante-deux; le canot du commandant, vingt-huit, la chaloupe, quatre-vingt-huit; un canot de huit avirons, vingt-cinq, et la plus petite embarcation, quinze. On voulait embarquer sur le radeau et dans les canots des provisions, du vin et des pièces d'eau; mais tout se fit avec tant de confusion que ces objets essentiels furent mal répartis, et qu'une grande quantité fut laissée sur le pont de la frégate ou jetée à la mer pendant le tumulte de l'évacuation.

La loi de l'honneur prescrit au commandant d'un bâtiment naufragé de le quitter le dernier; M. de Chaumareys manqua à cette obligation en s'embarquant dans son canot pendant qu'il y avait encore une soixantaine d'hommes sur la frégate. On en laissa en définitive dix-sept, qui ne purent s'embarquer dans la chaloupe, trop chargée et peu en état de tenir la mer. Il y aurait eu encore possibilité, selon un rapport, de les placer dans les autres embarcations, et surtout dans celle qui renfermait le gouverneur et sa famille.

Au moment du départ, quand le radeau remorqué par les six embarcations s'éloigna de la frégate aux cris de : « Vive le roi! » on avait cependant assez bon courage. Les chefs de ces embarcations avaient juré de ne point abandonner le radeau; on devait se sauver tous ou périr tous ensemble.

A peine avait-on cependant fait faire deux lieues au radeau que ces serments furent oubliés. « On était au moment du jusant, dit M. Corréard, qui se trouvait sur le radeau, et les courants portaient les embarca-

tions vers le large. Se trouver en pleine mer avec des
embarcations non pontées pouvait bien inspirer
quelque crainte, mais sous peu d'heures les courants
devaient changer et nous favoriser. Il fallait donc at-
tendre ce moment qui aurait évidemment démontré
la possibilité de nous traîner jusqu'à la terre dont nous
n'étions pas éloignés de plus de douze à quinze lieues.
Cela est si vrai que le soir, avant le coucher du soleil,
les canots eurent connaissance de la côte. Peut-être
auraient-ils été forcés de nous abandonner la deuxième
nuit après notre départ, si toutefois il eût fallu plus
de trente-six heures pour nous remorquer jusqu'à
terre, car le temps fut très-mauvais. Mais nous nous
serions trouvés alors très-près de la côte, et il eût été
très-facile de nous sauver : nous n'aurions eu du moins
que les éléments à accuser !... Nous ne crûmes réelle-
ment pas, dans les premiers instants, que nous étions
si cruellement abandonnés. Nous nous imaginions que
les canots avaient largué, parce qu'ils avaient aperçu
un navire et qu'ils couraient dessus pour demander
du secours. »

Lorsqu'on reconnut que c'était une illusion de
compter sur le retour des embarcations et qu'il y avait
eu réellement un « sauve-qui-peut, » on se regarda avec
une profonde stupeur. Peu à peu les plus intelligents
cherchèrent à ranimer les courages et commencèrent
à se rendre un compte exact de la situation : elle était
affreuse !

Les naufragés étaient tellement serrés les uns contre
les autres, qu'il leur était presque impossible de re-

muer. Beaucoup d'entre eux avaient une grande partie
du corps plongée dans l'eau. Voyant au moment du
départ le radeau enfoncer sous le poids des hommes,
on avait jeté plusieurs barils de farine à la mer. Per-
sonne n'avait surveillé l'approvisionnement, de sorte
qu'on trouva seulement un sac contenant environ
vingt-cinq livres de biscuit, et ce sac ayant été mouillé,
le biscuit s'était réduit en pâte. La famine était inévi-
table. Pour boisson, on avait seulement six barriques
de vin et deux petites pièces d'eau.

D'un autre côté, il n'y avait ni cartes ni compas de
route, et la petite voile qu'on parvint à fixer au mât
ne pouvait servir que pour le vent arrière.

Le biscuit ne procura qu'un faible repas au milieu
du jour. On arriva avec assez de calme à la nuit, qui
fut affreuse, car le vent fraîchit beaucoup. Chaque fois
que les lames soulevaient une des extrémités du ra-
deau, les passagers tombaient les uns sur les autres et
l'on entendait sans cesse des cris de désespoir. Quand
le jour arriva, on reconnut qu'une vingtaine d'hommes
avaient disparu. Quelques-uns avaient les pieds pris
dans les pièces de bois et leur corps plongé dans la
mer; un seul d'entre eux fut rappelé à la vie par les
soins de ses deux fils.

On eut encore dans cette journée, qui fut assez
belle, l'espoir de voir revenir les embarcations; mais
quand on le vit trompé, un complet découragement
s'empara des âmes. Le soir, le ciel se couvrit d'épais
nuages et la mer fut encore plus terrible que la nuit
précédente. Les hommes, dans l'impuissance de se te-

nir aux extrémités, se réunirent au centre du radeau,
et ceux qui ne purent le gagner périrent presque tous.
Du reste, le rapprochement au milieu fut tel que quel-
ques hommes furent étouffés par le poids de leurs ca-
marades, qui tombaient sur eux.

Les soldats et les matelots, se regardant comme per-
dus, se mirent à boire avec excès. Alors, devenus fu-
rieux, ils s'écrièrent qu'on voulait les trahir, qu'il
fallait mourir tous ensemble, et ils tentèrent réelle-
ment de détruire le radeau en coupant les amarrages.
Les officiers et les passagers, qui avaient conservé leur
raison, s'y opposèrent. Un combat terrible s'engagea
à coups de haches, de sabres, de baïonnettes, de cou-
teaux. La lune éclairait cette épouvantable scène. La
lassitude seule amena quelques moments de trêve.
Aux premières lueurs du jour, on constata que plus
de soixante hommes avaient péri : un quart s'était
noyé de désespoir. On s'aperçut aussi d'un grand mal-
heur. Les rebelles, pendant le tumulte, avaient jeté à
la mer deux barriques de vin et les deux seules pièces
d'eau ; il ne restait qu'une barrique de vin à distri-
buer entre les soixante survivants. Dans cette journée
déjà, les premiers actes de cannibalisme se produi-
sirent. Quelques hommes se jetèrent sur des cadavres
et dévorèrent des lambeaux de chair. La nuit fut plus
calme, et cependant au lever du quatrième jour on
compta douze nouveaux morts.

Dans l'après-midi, il y eut heureusement un passage
de poissons volants, dont plus de deux cents s'enga-
gèrent entre les vides laissés par les pièces de bois.

l'aide d'un briquet et d'un peu d'amadou on parvint à allumer les débris d'un tonneau et à former un foyer qui servit à cuire les poissons, mais sur lequel on plaça aussi de la chair humaine.

Un nouveau massacre eut lieu pendant la nuit, des Espagnols, des Italiens et des nègres, restés neutres jusqu'alors, ayant formé le complot de jeter à la mer tous leurs compagnons. Le lendemain matin, trente individus restaient encore vivants, et parmi eux des blessés en grand nombre.

Quelques pages tirées du récit du témoin déjà cité retracent le tableau des scènes affreuses qui suivirent :

« Quinze naufragés seulement paraissaient pouvoir exister encore quelques jours, et tous les autres, couverts de larges blessures, avaient presque entièrement perdu la raison. Cependant ils avaient part aux distributions et pouvaient, avant leur mort, consommer, disions-nous, trente ou quarante bouteilles de vin, qui, pour nous, étaient d'un prix inestimable. On délibéra; mettre les malades à demi-ration; c'était leur donner la mort de suite. Après un conseil présidé par le plus affreux désespoir, il fut décidé qu'on les jetterait à la mer. Ce moyen, quelque répugnant, quelque horrible qu'il nous parût à nous-mêmes, procurait aux survivants six jours de vin, à deux quarts par jour. Mais, la décision prise, qui osera l'exécuter? L'habitude de voir la mort prête à fondre sur nous, la certitude de notre perte infaillible sans ce funeste expédient, tout, en un mot, avait endurci nos cœurs,

Le radeau de *la Méduse* (1816).

devenus insensîbles à tout autre sentiment qu'à celui
de notre conservation. Trois matelots et un soldat se
chargèrent de cette cruelle exécution; nous détour-
nâmes les yeux et nous versâmes des larmes de sang
sur le sort de ces infortunés. Parmi eux étaient la can-
tinière et son mari, que nous avions précédemment
sauvés au moment où ils allaient se noyer. Tous deux
avaient été grièvement blessés dans les combats; la
femme avait eu une cuisse cassée entre les charpentes
du radeau, et un coup de sabre avait fait au mari une
profonde blessure à la tête. Tout annonçait leur fin
prochaine. Nous avions besoin de croire qu'en préci-
pitant le terme de leurs maux, notre cruelle résolution
n'avait raccourci que de quelques instants la mesure
de leur existence.

« Cette femme, cette Française à qui des militaires,
des Français donnaient la mer pour tombeau s'était
associée vingt ans aux glorieuses fatigues de nos ar-
mées; pendant vingt ans elle avait porté aux braves,
sur les champs de bataille, ou de nécessaires secours,
ou de douces consolations. Et elle... c'est au milieu
des siens, c'est par les mains des siens... ! Lecteurs,
qui frémissez au cri de l'humanité outragée, rappelez-
vous du moins que c'étaient d'autres hommes, des
compatriotes, des camarades, qui nous avaient mis
dans cette affreuse situation.

« Un événement vint apporter une heureuse distrac-
tion à la profonde horreur dont nous étions saisis. Tout
à coup un papillon blanc, du genre de ceux qui sont
si communs en France, apparut voltigeant au-dessus

de nos têtes, et se reposa sur notre voile. La première
idée qui fut comme inspirée à chacun de nous, nous
fit regarder ce petit animal comme l'avant-courrier
qui nous apportait la nouvelle d'un prochain atterrage,
et nous en embrassâmes l'espérance avec une sorte de
délire. Mais c'était le neuvième jour que nous passions
sur notre radeau ; les tourments de la faim déchiraient
nos entrailles ; déjà des soldats et des matelots dévo-
raient d'un œil hagard cette chétive proie et sem-
blaient près de se la disputer. D'autres, regardant ce
papillon comme un envoyé du ciel, déclarèrent qu'ils
prenaient le pauvre insecte sous leur protection et
empêchèrent qu'il ne lui fût fait du mal. Nous por-
tâmes donc nos vœux et nos regards vers cette terre
désirée que nous croyions à chaque instant voir s'éle-
ver devant nous. Il est certain que nous ne devions
pas en être éloignés ; car les papillons continuèrent
les jours suivants à venir voltiger autour de notre voile,
et le même jour nous en eûmes un autre indice non
moins positif en apercevant un goëland qui volait au-
dessus de notre radeau.

« Trois jours se passèrent encore dans des angoisses
inexprimables ; nous méprisions tellement la vie, que
plusieurs d'entre nous ne craignirent pas de se bai-
gner à la vue des requins qui entouraient notre ra-
deau.

« Le 17 au matin, le soleil parut dégagé de tout
nuage. Après avoir adressé nos prières à l'Éternel, nous
partageâmes une partie de notre vin ; chacun savou-
rait avec délices sa faible portion, lorsqu'un capitaine

d'infanterie, jetant ses regards vers l'horizon, aperçut un navire et nous l'annonça par un cri de joie. Nous reconnûmes que c'était un brick ; mais il était à une grande distance. La vue de ce bâtiment répandit parmi nous une allégresse difficile à dépeindre ; chacun de nous croyait son salut certain, et nous rendîmes à Dieu mille actions de grâce. Cependant les craintes venaient se mêler à nos espérances ; nous redressâmes des cercles de barriques aux extrémités desquels nous attachâmes des mouchoirs de différentes couleurs. Un homme, avec nos secours, monta au haut du mât et agitait ces petits pavillons. Pendant plus d'une demi-heure nous flottâmes entre l'espoir et la crainte ; les uns croyaient voir grossir le navire, et les autres assuraient que sa bordée le portait au large de nous. Ces derniers étaient les seuls dont les yeux n'étaient pas fascinés par l'espérance, car le brick disparut.

« Du délire de la joie nous passâmes à celui de l'abattement et de la douleur. Pour calmer notre désespoir nous voulûmes chercher quelques consolations dans le sommeil. La veille, nous avions été dévorés par les feux d'un soleil brûlant ; ce jour-ci nous disposâmes notre voile en tente et nous nous couchâmes tous dessous. On proposa alors de tracer sur une planche un abrégé de nos aventures, d'écrire tous nos noms au bas de notre récit et de le fixer à la partie supérieure du mât, dans l'espérance qu'il parviendrait au gouvernement et à nos familles. Après avoir passé deux heures, livrés aux plus cruelles réflexions, le maître canonnier de la frégate voulut aller sur le de-

vant du radeau et sortit de dessous notre tente. A peine
eut-il mis la tête au dehors, qu'il revint à nous en
poussant un grand cri. La joie était peinte sur son vi-
sage ; ses mains étaient étendues vers la mer ; il res-
pirait à peine. Tout ce qu'il put dire, ce fut : *Sauvés !
voilà le brick qui est sur nous !* Et il était, en effet,
tout au plus à une demi-heure, ayant toutes ses voiles
dehors et gouvernant à venir passer extrêmement près
de nous. Nous sortimes de dessous notre tente avec
précipitation ; ceux même que d'énormes blessures aux
membres inférieurs retenaient continuellement cou-
chés depuis plusieurs jours, se traînèrent sur le der-
rière du radeau pour jouir de la vue de ce navire qui
venait nous arracher à une mort certaine. Nous nous
embrassions tous avec des transports qui tenaient beau-
coup de la folie, et des larmes de joie sillonnaient nos
joues desséchées par les plus cruelles privations. Cha-
cun se saisit de mouchoirs ou de différentes pièces de
linge pour faire des signaux au brick, qui s'approchait
rapidement. Quelques autres, prosternés, remerciaient
avec ferveur la Providence qui nous rendait si miracu-
leusement à la vie. Notre joie redoubla lorsque nous
aperçûmes en haut de son mât de misaine un grand
pavillon blanc ; nous nous écriâmes : « C'est donc à
des Français que nous allons devoir notre salut ! »
Nous reconnûmes presque aussitôt le brick *l'Argus* ; il
était alors à deux portées de fusil.

« .... En peu de temps nous fûmes transportés à
bord. Nous y rencontrâmes le lieutenant en pied de la
frégate et quelques autres naufragés. L'attendrisse-

ment était peint sur tous les visages ; la pitié arrachait des larmes à tous ceux qui portaient leurs regards sur nous. Qu'on se figure quinze infortunés presque nus, le corps et la figure flétris de coups de soleil. Dix des quinze pouvaient à peine se mouvoir. Nos membres étaient dépourvus d'épiderme ; une profonde altération était peinte dans tous nos traits ; nos yeux caves et presque farouches, nos longues barbes, nous donnaient encore un air plus hideux ; nous n'étions que des ombres de nous-mêmes. Nous trouvâmes à bord du brick.de fort bon bouillon qu'on avait préparé dès qu'on nous eut aperçus ; on y mêla d'excellent vin : on releva ainsi nos forces prêtes à s'éteindre. On nous prodigua les soins les plus généreux et les plus attentifs ; nos blessures furent pansées, et le lendemain plusieurs des plus malades commencèrent à se soulever... »

Après ce récit du terrible drame dont le pinceau de Géricault a tracé avec tant de puissance le dernier épisode, nous dirons très-brièvement ce que devinrent les six embarcations qui avaient abandonné le radeau.

Les canots de M. de Chaumareys et du gouverneur arrivèrent à Saint-Louis sans avoir été exposés à aucun danger sérieux. La chaloupe arriva près de la côte, au nord du cap Mirick, après avoir touché plusieurs fois. Les passagers, souffrant cruellement de la soif, demandèrent à débarquer ; on voulut les retenir en leur représentant les dangers qu'ils auraient à affronter dans le désert pendant une traversée de près

de cent lieues pour arriver à Saint-Louis. Soixante-
trois s'obstinèrent dans leur résolution et subirent
d'horribles souffrances dans les sables brûlants. Les
vivres et l'eau manquèrent pendant une grande partie
de la route. Heureusement *l'Argus* aperçut la cara-
vane et lui fournit des provisions. Elle rencontra une
bande de Maures qui dépouillèrent les naufragés de
leurs vêtements. Ce ne fut que le 30 juillet qu'elle en-
tra à Saint-Louis, après avoir perdu six personnes.

La chaloupe, en reprenant le large, rencontra le
plus petit canot et se chargea des quinze personnes
qu'il portait, car il ne pouvait plus tenir contre la vio-
lence des vagues. Le canot major et le canot à huit
avirons rallièrent; on navigua quelque temps de con-
serve, mais les trois embarcations firent côte le 8 juil-
let, et les passagers durent se réfugier à terre. La mar-
che se fit avec ordre vers le Sénégal, sous la conduite
des officiers, et, le 11 juillet, on communiqua avec
l'Argus, qui secourut cette caravane avant l'autre.
Les indigènes vinrent vendre quelques provisions ;
mais la route sur le sable échauffé par l'ardeur intolé-
rable du soleil fut extrêmement fatigante. On arriva
du moins au but dès le 12 au soir, et sans aucune
perte d'hommes.

Ce fut le 26 juillet seulement qu'on songea à en-
voyer un navire vers *la Méduse*, à bord de laquelle
on savait pourtant qu'un groupe d'hommes était resté.
La goélette chargée de cette mission eut des vents con-
traires, et arriva près de la frégate échouée cinquante-
deux jours après son abandon. On ne trouva plus que

trois des dix-sept malheureux qui n'avaient pu s'em-
barquer dans la chaloupe. Dix jours avant, douze
d'entre eux, voyant les vivres épuisés, avaient cherché
à se sauver sur un petit radeau qu'ils avaient construit;
mais, selon toute apparence, ils avaient péri. Deux
étaient morts depuis. On transporta les survivants au
Sénégal, où ils revinrent à la santé.

M. de Chaumareys, rappelé en France, fut traduit
devant un conseil de guerre. Déclaré coupable de la
perte de *la Méduse* par impéritie, il fut rayé de la liste
des officiers de la marine, déclaré impropre à tout
service et condamné à trois ans de prison militaire.

XI

NAUFRAGE DU NEPTUNE

RAPPORT DU MATELOT BÉNIGNE BOURET AU COMMISSAIRE DE LA MARINE
CHARGÉ EN CHEF DU SERVICE A MARSEILLE

Le brick *le Neptune*, de Boulogne, de cent cinquante tonneaux et huit hommes d'équipage, partit de Cette, sous le commandement du capitaine Labian, le 20 décembre 1821, à sept heures et demie du matin, chargé d'eau-de-vie, de vin et d'esprits, par un beau temps de sud-ouest.

Une heure après, il ventait grand frais ; le lendemain et toute la journée du 22, le temps fut superbe.

Le 23, la mer était affreuse, les vents toujours dans la même direction, le ciel couvert de nuages.

Le 24, la tempête devint terrible ; nous étions alors à peu près par le travers de Barcelone, à dix lieues environ de la côte, d'après ce que j'entendis dire au capitaine. Sur les sept heures, on aperçut le feu Saint-Elme sur la girouette du grand mât. Je considérais ce phénomène, que je voyais pour la première fois, et que mes camarades disaient être un présage funeste, lorsque nous fûmes totalement éblouis par un éclair épouvantable. Le capitaine ordonna à tout l'équipage de monter sur le pont : il fit serrer le petit hunier et la brigantine, et virer de bord sur la misaine, le grand hunier et le petit foc. Après avoir abattu, nous allions vent arrière.

A huit heures, le capitaine envoya du monde se coucher. L'obscurité était profonde ; de grands éclairs, accompagnés de violents coups de tonnerre, jetaient, de moment en moment, une lueur lugubre. On commença à pomper continuellement, présumant que la pompe suffirait pour affranchir le navire. Un peu plus tard, on s'aperçut que, dans la cale, une pièce d'eau-de-vie s'était dérangée : le capitaine et le second s'y transportèrent, la pièce fut arrimée de nouveau ; un moment après, on entendit rouler plusieurs barriques, sans qu'il fût possible d'y porter remède.

Le vent devenait toujours plus violent. A neuf heures et demie, je m'approchai de la pompe. Le navire était fortement incliné, recevant des coups de mer terribles qui faisaient à bord un fracas épouvantable. Quelques minutes après, je m'aperçus que nous tombions toujours plus sous le vent, et, regardant du côté opposé, je vis cette partie du navire s'élever ; je m'y élançais pour saisir les haubans, lorsque j'entendis le lieutenant prononcer ces mots : « Voilà le navire... ! » et une autre voix : « Ah ! mon Dieu !... » Au même instant tout fut englouti.

.Dans cet affreux moment, me tenant toujours amarré, je ne conservai qu'une légère lueur de connaissance, que je perdis bientôt totalement. Je ne sais combien de temps je restai dans cet état. Enfin, le navire s'étant relevé, le mouvement de l'eau qui coulait sur ma figure me fit reprendre mes sens. J'ouvris les yeux ; je revis les éclairs sillonnant d'horribles nuages que le vent faisait rouler avec rapidité sur ma tête, et ma première pensée s'éleva en actions de grâces vers le ciel.

. Je serrais toujours fortement les haubans ; le devant de ma jambe était écorché par les efforts que j'avais faits pour me retenir. Je montai jusqu'à la grand'hune, appelant à plusieurs reprises pour demander ce que j'avais à faire.

Personne ne répond.... J'appelle encore : quelques gémissements parviennent jusqu'à mon oreille ; ils se perdent bientôt dans le bruit de la tempête. J'étais glacé d'effroi. Cependant une voix semble articuler quelques mots que je ne puis comprendre. Alors je descendis sur le côté du navire qui se trouvait hors de l'eau, dans les moments où les lames ne l'inondaient pas, et j'aperçus le novice (nommé Voisin), assis sur les haubans ; le chien du bord était à côté de lui. Il serra tristement ma main, en me disant : « Il paraît que tous nos camarades ont péri ; qu'allons-nous devenir ? »

Vers les onze heures environ, le mât de misaine et le beaupré se rompirent à quelques pieds au-dessus du pont ; le mât de hune désempara également, et le grand mât resta seul avec sa hune. Le navire, soulagé de ce poids, se releva un peu, et nous montâmes dans la hune. Je travaillai à détacher la grande vergue dont la voile était déferlée ; je coupai avec mon

Naufrage du *Neptune* (1821).

couteau les manœuvres qui la retenaient, et je parvins à faire tomber le tout sur le pont. Succombant à la fatigue, tout mouillés, quoique dans ce moment les vagues ne montassent pas jusqu'à nous, nous nous amarrâmes dans la hune, et nous nous abandonnâmes au sommeil.

Le temps fut le même pendant toute la journée du 25. Nous ne pûmes pas descendre sur le pont, à

cause des vagues qui le couvraient de temps en temps
avec la plus grande violence. Nous voyions les barri-
ques qui sortaient de la cale, et se brisaient bientôt
après. Nous apercevions deux bricks à la distance de
quelques lieues, louvoyant à la cape. Le temps, cou-
vert d'épais nuages, s'éclaircissait par moments ; nos
vêtements étaient secs ; l'espérance que ces navires se
rapprocheraient de nous nous fit passer la nuit assez
paisiblement.

Le 26, nous vîmes un brick, que je présumai être
un de ceux de la veille, courant sur nous ; nous eûmes
quelques moments de joie. Dans l'après-midi, il nous
passa sous le vent, assez près. Il était à la cape comme
la veille. Nous voyions le monde à bord. Il paraît que
nous ne fûmes pas aperçus, car bientôt nous le vîmes
s'éloigner et disparaître. Sur le soir, le temps étant
devenu assez clair, nous crûmes reconnaître à l'hori-
zon deux pointes de terre.

Après une nuit très-agitée, nous revîmes la lu-
mière. Hélas ! elle ne venait plus éclairer que nos
douleurs, qui bientôt allaient nous plonger dans une
nuit éternelle.

Vers le milieu du jour, apercevant une capote le
long du bord, je me disposai à descendre pour la dé-
gager, malgré les lames qui couvraient toujours le
navire. Nous voyions aussi, par l'ouverture de la
chambre, une barrique que la mer n'avait pu encore
en faire sortir, et qui flottait à peu près au niveau du
pont. J'engageai le novice à descendre avec moi pour
m'aider à la défoncer ; il ne le pouvait pas, se sentant

trop faible, et ayant les pieds enflés par le froid. Arrivé sur le pont, je fus obligé de me cramponner contre le tronçon du mât, pour ne pas être emporté par les vagues. Quand elles se retiraient, j'avançais, et je frappais sur la barrique avec un morceau de fer et un bout-dehors de la bonnette ; j'étais, presque aussitôt, obligé de battre en retraite, pour revenir encore. Je vins à bout cependant d'enfoncer le fond de la barrique : c'était de l'eau-de-vie. Je me hâtai d'y plonger mon chapeau, et j'allais, en le retirant, le porter à mes lèvres, lorsqu'une lame me couvrit entièrement, et me fit perdre en un instant tout le fruit de mes peines. Je puisai encore une fois avec mon chapeau dans la barrique, mais la liqueur n'avait plus de force ; à peine pouvait-elle corriger un peu l'amertume de l'eau salée. Je n'en bus qu'environ la valeur d'un petit verre. Presque désespéré, je remontai dans la hune, tenant la capote sous le bras et mon chapeau à la main. Le novice essaya de boire, mais il ne put le supporter, et nous continuâmes d'être en proie à toutes les souffrances d'une soif dévorante.

Un peu plus tard, nous vîmes le cadavre d'un matelot sortir par la chambre, avec des débris de meubles. Ce malheureux, dont nous enviâmes le sort, avait encore la tête appuyée sur son bras, comme si la mort l'avait saisi pendant son sommeil. Je voulus descendre pour enlever son gilet, afin de couvrir mon camarade. Il ne le voulut pas et me dit : « Si la mer vous emporte, que deviendrai-je? » Malgré son observation, j'allais descendre, mais le cadavre avait disparu.

Dans l'après-midi, j'orientai une espèce de voile, qui porta jusqu'au soir. J'espérais, par ce moyen, m'approcher de terre; le vent ayant tourné, je fus obligé de l'amener, dans la crainte qu'elle ne nous portât au large.

Le 28, la mer était très-haute; elle venait nous envelopper jusque dans la hune; trempés jusqu'aux os, mourant de froid, de faim et de soif, nos angoisses ne peuvent s'exprimer.

Le chien du bord était resté, depuis le premier jour, sur l'arrière. La mer l'emportait, puis il revenait encore en nageant; il nous regardait en poussant des cris lamentables. Plusieurs fois il essaya de venir jusqu'au pied du grand mât; la mer l'emportait toujours. La nuit, surtout, ses hurlements étaient affreux; ils ajoutaient encore, s'il est possible, aux terreurs qui nous agitaient. Dans cette journée, ses forces paraissaient épuisées; il luttait contre la mort, jusqu'à ce qu'enfin une lame l'engloutit.

Le 29, nous n'aperçûmes, de même que dans les journées précédentes, aucune voile sur l'horizon; ainsi point d'espérance. Mon camarade ressentait dans l'estomac des douleurs si cruelles, qu'il me disait que quand même nous serions sauvés, il ne lui semblait plus possible qu'il pût jamais prendre aucun aliment. Me sentant plus de force que lui, et le courage ne m'ayant point tout à fait abandonné, je tâchai de le soutenir et de le consoler. La soif me tourmentait plus

cruellement que la faim ; j'ouvrais la bouche pour res-
pirer le vent, espérant trouver quelque soulagement.

Ainsi s'écoulaient le peu de jours d'existence qui
nous restaient encore. Quand les souffrances et la
mer nous laissaient quelques courts instants de calme,
toutes les horreurs de notre position se présentaient
à notre imagination. Je pleurais, en pensant à ma
femme et à mes enfants ; ma femme, qui, à mon dé-
part, avait éprouvé des peines si cruelles, semblant
pressentir qu'elle ne devait plus me revoir.

Jusqu'au 1er janvier, aucun accident ne rompit la
lugubre monotonie de nos douleurs, qui toujours al-
laient croissant. Le vent soufflait avec violence ; le na-
vire s'inclinait fortement. Dans un de ces mouvements,
une vague nous passa par-dessus la tête. Quelques
instants après, le navire s'étant un peu redressé, nous
nous démarrâmes pour nous placer dans la partie de
la hune opposée à celle où nous étions, parce qu'elle
était moins exposée à être submergée : quand je fus
remonté, je voulus aider mon camarade à venir me
joindre ; en me retournant, je ne le vis plus ; il avait
été entraîné par la lame. Je lui jetai de suite un bout
de corde qu'il saisit ; mais bientôt, d'une voix défail-
lante, il me dit : « Mes efforts sont inutiles ; je ne
puis résister à mes souffrances ; je veux mourir. » Il
abandonna la corde et disparut.

Ainsi je restai seul dans une espèce d'anéantisse-
ment ; je ne savais si j'existais encore. Sur le soir, ma
bouche était si sèche que je ne pouvais plus respirer ;
j'étouffais.

Le 2 janvier, j'eus encore assez de force pour descendre par les haubans ; je pris de l'eau et m'en lavai la figure, la bouche et les mains. Je sentis quelque soulagement.

Ainsi neuf jours s'étaient écoulés sans que j'eusse pris aucune espèce de nourriture ; mes forces étaient épuisées. Amarré dans la hune, ne pouvant presque plus faire de mouvement, je ressentais toutes les horreurs d'une affreuse agonie. Continuellement assoupi, des songes pénibles fatiguaient mon imagination presque en délire. Cependant une idée bienfaisante me soutenait encore : il me semblait voir ma femme et mon enfant qui me disaient de ne pas perdre courage, que je souffrais beaucoup, mais que je serais sauvé. Ce prestige se présentait presque à chaque instant à ma pensée ; il jetait quelque lueur sur le reste d'existence que la douleur me laissait encore.

Je passai dans cet état la journée du 3 et la nuit qui la suivit. Ma vue était troublée ; je voyais des feux dans le ciel ; les étoiles me semblaient d'une énorme grosseur ; la clarté de la lune éblouissait mes yeux, ils ne pouvaient la supporter.

Le 4 janvier, au point du jour, promenant mes regards affaiblis sur l'horizon, je ne pus rien apercevoir. Hélas ! encore un jour de souffrance ! Et je retombais dans un profond assoupissement. Je dus rester assez longtemps en cet état. Tout à coup il me sembla entendre des voix qui me disaient : « Lève-toi, tu es sauvé. » Ce n'était qu'un jeu de mon ima-

gination, car personne n'était encore auprès de moi.
Ces voix me frappèrent de nouveau. Dans ce moment,
j'ouvris les yeux, et je distinguai, non loin de moi, la
voilure d'un navire, sur laquelle le soleil brillait de
tout son éclat. Un moment après, une chaloupe s'ap-
procha ; on me démarra, et l'on me transporta à bord ;
c'était la galiote hollandaise *le Good-Hoope*, capitaine
Klein, qui s'empressa de me faire prodiguer tous les
soins que ma malheureuse situation exigeait. Quand
je fus revenu à moi, on me dit que l'on avait vu le
navire submergé, et qu'on avait cru que tout le monde
avait péri, mais que le capitaine avait ordonné de
s'approcher le plus près possible, afin de s'assurer s'il
n'y avait personne à bord. C'est à cette généreuse ré-
solution que je dois la vie. Après quelques jours en-
core de navigation, nous arrivâmes à Toulon, où le
navire, à cause de moi, fut soumis à une quarantaine ;
ce qui rend encore plus digne d'éloge l'humanité dés-
intéressée du capitaine, qui ne craignit pas de s'ex-
poser à des frais pour rendre un infortuné marin à
l'existence [1].

[1] *Annales maritimes et coloniales*, année 1822, IIe partie.

XII

INCENDIE ET NAUFRAGE DU KENT

EXTRAIT DE LA RELATION DU MAJOR MAC-GREGOR

Le *Kent*, de treize cent cinquante tonneaux, destiné pour les Indes, partit d'un port de la Manche le 19 février 1824. Il avait à bord vingt officiers, trois cent quarante-quatre soldats, quarante-trois femmes et soixante-six enfants, faisant partie du 31e régiment, et en outre vingt passagers et cent quarante-huit hommes d'équipage. Le lundi 28, il était dans l'Océan par le travers de Penmark et à environ quatre-vingts lieues de terre, lorsqu'il fut assailli par un violent coup de vent de sud-ouest.

Le 1er mars, dans la matinée, on était à la cape sous le grand hunier à trois ris. Le roulis devenait insupportable par suite de quelques centaines de tonneaux de boulets et de bombes qui formaient une

partie de la cargaison. Un officier, craignant qu'il ne
survînt des désordres dans la cale, y descendit avec
deux matelots et un fanal. Hélas ! ce fut cette précau-
tion salutaire qui tourna en un funeste accident : une
barrique d'eau-de-vie était dérangée de sa place ;
pendant qu'on s'occupait à la caler, le navire éprouva
un brusque et rude coup de roulis ; la lampe tomba ;
la barrique s'effondra, et l'eau-de-vie enflammée,
promenée dans la cale par les mouvements du navire,
alluma l'incendie sur cent points à la fois. Les pom-
pes, les seaux d'eau, les voiles et les hamacs mouillés,
toutes les ressources disponibles, toute l'activité de
l'équipage, demeurèrent inutiles, et bientôt à la
flamme bleuâtre de l'eau-de-vie succédèrent d'énor-
mes tourbillons d'une fumée noire et épaisse, que vo-
missaient rapidement les quatre écoutilles, et qui
venaient rouler en torrents d'un bout à l'autre du
vaisseau.

En ce terrible moment, le capitaine fit pratiquer
des voies d'eau dans le premier et le second pont, et
ouvrir les sabords de la partie basse, afin de laisser
entrer la mer : noyer l'incendie sous des montagnes
d'eau était la dernière chance de salut. Et, en effet,
les vagues se précipitant avec violence, brisant les
cloisons, dont elles dispersaient les débris de toutes
parts, arrêtèrent la violence des flammes et les rédui-
sirent à une marche lente et sourde qui laissait pour
un temps les poudres à l'abri ; mais à mesure que le
danger de sauter diminua, celui de sombrer devenait
plus imminent, et l'on songea à fermer les sabords, à

boucher les écoutilles, pour exclure à la fois et la mer qui eût fait enfoncer le navire, et l'air qui eût accru la vivacité de l'incendie.

Ce fut dans ce moment de repos, pendant lequel chacun se trouva réduit à une condition passive, que l'on commença à mesurer la profonde horreur de la situation de l'équipage.

Quelques soldats, une femme et plusieurs enfants avaient péri dans l'entre-pont, suffoqués par la fumée âcre et épaisse. A l'exception de ces premières victimes, tout le monde était sur le pont supérieur, où se succédaient les scènes les plus déchirantes : les uns attendaient leur sort avec une résignation silencieuse ou une insensibilité stupide; d'autres se livraient à toute la frénésie du désespoir. Plusieurs imploraient à genoux, avec cris et larmes, la miséricorde divine, tandis que quelques-uns des soldats et des matelots les plus vieux et les plus fermes de cœur allaient d'un air sombre se placer au-dessus du magasin à poudre, afin que l'explosion, qu'on attendait d'un instant à l'autre, terminât plus promptement leurs souffrances.

Plusieurs des femmes et des soldats étant venus chercher un refuge dans les chambres de la dunette, priaient et lisaient l'Écriture sainte avec les femmes des officiers et des passagers. Deux jeunes personnes, en particulier, furent admirées de tous ceux qui étaient témoins de la force de leur âme et de la douce pureté de leur foi chrétienne. Lorsqu'on vint annoncer l'approche d'une mort inévitable, elles se jetèrent à genoux, et offrirent aux femmes qui les entouraient de leur lire des fragments de la Bible.

« Dieu est notre retraite, notre force et notre secours dans les détresses. C'est pourquoi nous ne craindrons point, quand même la terre se bouleverserait et que les montagnes se renverseraient au milieu de la mer. »

Quelques pauvres enfants, entièrement ignorants du danger qui les menaçait, continuaient à jouer dans leur lit comme à l'ordinaire; d'autres, au contraire, paraissaient sentir toute l'étendue du péril; et, se rappelant les leçons qu'ils avaient reçues à l'école du régiment, priaient Dieu avec ferveur et en silence, tandis que de grosses larmes coulaient le long de leurs joues.

Il n'y avait plus à bord personne qui conservât le moindre espoir, lorsqu'il vint à l'esprit d'un des officiers de faire monter un matelot au petit mât de hune. Quelle ne fut pas la joie de tous les malheureux naufragés quand ils virent le marin agiter son chapeau et s'écrier : *Une voile sous le vent!* Aussitôt on hissa le pavillon de détresse, et tirant le canon de minute en minute, on laissa porter sur le brick; mais la violence du vent ne permettait pas aux canons de se faire entendre. Dix à quinze minutes se passèrent avant que la manœuvre du navire en vue indiquât qu'il comprenait les signaux de détresse. Enfin la fumée de l'incendie, qui s'élevait en épais tourbillons, révéla assez clairement la nature du danger que courait le *Kent;* et le brick, forçant courageusement de voiles,

malgré le mauvais temps, s'approcha du vaisseau en-
flammé.

Pendant qu'on délibérait sur les moyens de mettre
les embarcations à la mer, un des lieutenants du ré-
giment étant venu demander au major dans quel or-
dre les officiers devaient quitter le vaisseau : « Eh !
dans l'ordre que l'on observe aux funérailles, répon-
dit celui-ci. — Sans doute, ajouta le colonel, les ca-
dets les premiers. Mais faites passer au fil de l'épée
tout homme qui ferait mine d'entrer dans la cha-
loupe avant que l'on ait sauvé les femmes et les en-
fants. »

Un accident affreux fut sur le point d'arriver lors-
qu'on mit à la mer le grand canot, où se trouvaient
réunis toutes les femmes et les enfants des officiers,
avec quelques femmes des soldats.

Il était suspendu par les deux extrémités à deux
crochets, et l'ordre fut donné de *larguer tout ;* mais
l'un des crochets ne put être dégagé sur-le-champ.
L'extrémité du canot se soulevait déjà, et, suivant les
mouvements du vaisseau, sortait peu à peu de la mer;
encore dix secondes et il allait se trouver suspendu
verticalement par l'avant, lorsque, heureusement,
une vague vint à le soulever par derrière et permit
aux matelots de dégager le fatal crochet.

Le canot partit enfin, luttant contre les vagues,
tantôt s'élançant comme un oiseau de mer sur les
crêtes écumantes, tantôt disparaissant comme enseveli
dans leurs ondulations.

Le brick, qu'une providence miséricordieuse avait

Naufrage du *Kent* (1er mars 1824).

envoyé au secours du *Kent*, était la *Cambria*, capi-
taine Cook, du port de deux cents tonneaux, faisant
route pour la Vera-Cruz, et ayant à bord une trentaine
de mineurs et de fondeurs de Cornouailles.

Il se tenait prudemment en panne à une certaine
distance du *Kent*, tant pour se soustraire au danger
de l'explosion, que pour éviter le feu des canons char-
gés à boulet, qui partaient à mesure qu'ils étaient at-
teints par les flammes. Une demi-heure se passa avant
que le canot pût accoster l'arche de refuge : il était
temps, car pour laisser aux rameurs plus d'aisance,
on avait entassé pêle-mêle les femmes et les enfants
sous les bancs, et l'écume, qui à chaque coup de
mer entrait dans l'embarcation, inondait ces malheu-
reux.

La première créature humaine qui trouva asile à
bord de la *Cambria* fut un enfant de quelques semai-
nes, fils du major Mac Gregor.

Au retour des embarcations, il fallut prendre le
parti de descendre les femmes et les enfants du haut
du vaisseau, au moyen d'un cordage auquel on les at-
tachait deux à deux ; mais les mouvements de tangage
et de roulis étaient si violents et si brusques, qu'il
était impossible de saisir avec précision le moment où
le canot se trouvait au-dessous de la corde, et on ne
put éviter que plusieurs de ces malheureuses créatures
ne fussent plongées dans la mer à plusieurs reprises ;
ainsi périrent dans ces pénibles tentatives un grand
nombre d'enfants.

Deux ou trois soldats, pour soulager leurs femmes,

sautèrent à la mer avec leurs enfants et se noyèrent
en s'efforçant de les sauver. Un homme, réduit à l'af-
freuse alternative de perdre sa femme ou ses enfants,
se prononça promptement pour ses devoirs envers sa
femme ; elle fut sauvée ; mais, hélas ! ses quatre en-
fants périrent. Un soldat, mû de compassion pour les
enfants de ses camarades, en fit attacher trois autour
de son corps et plongea ainsi dans la mer. Il échoua
dans ses efforts pour gagner le canot et on le hissa de
nouveau à bord ; mais déjà deux des pauvres enfants
avaient cessé de vivre. Un homme tomba dans l'écou-
tille et fut à l'instant dévoré par les flammes ; un au-
tre qui glissa entre la chaloupe et le brick eut la tête
écrasée ; plusieurs périrent en essayant de grimper à
bord.

Bientôt on donna ordre d'admettre dans les bateaux
quelques soldats en sus des femmes. Ils se glissaient
dans les canots par un cordage suspendu au gui, en
dehors de l'arrière du vaisseau ; mais en faisant cette
manœuvre ils couraient de grands risques, car ils
étaient plongés dans l'eau à plusieurs reprises ou bri-
sés contre le plat bord des canots ; aussi plusieurs pré-
féraient-ils sauter à la mer par les fenêtres de la
poupe et tenter de gagner les embarcations à la nage.
Pendant ce temps, ceux qui restaient à bord construi-
saient des radeaux avec des planches et des cages à
poules, pour s'assurer un dernier refuge si les flam-
mes les obligeaient d'abandonner tout à fait le bâti-
ment.

Cependant les officiers commencèrent à quitter le

Kent. Le soleil se couchait, et la fin de cette scène tragique approchait. On remarqua alors que les malheureux qui restaient encore à bord, au lieu de manifester l'impatience de partir, témoignaient au contraire une répugnance invincible à adopter le moyen périlleux, mais unique, qui leur était offert pour se sauver. Il fallut renouveler avec menaces l'ordre de ne pas perdre un seul instant. Il était près de dix heures du soir; les matelots des canots avertirent que le navire, déjà enfoncé de neuf à dix pieds au-dessus de la ligne de flottaison, venait encore de baisser de deux pieds pendant le dernier voyage; les officiers du régiment, ceux du vaisseau et le colonel songèrent sérieusement à faire leur retraite. Le capitaine, bien décidé à ne quitter le bord que le dernier, refusa de gagner les embarcations avant d'avoir fait de nouveaux efforts pour triompher de l'irrésolution d'un petit nombre d'hommes que la frayeur avait privés de la parole et du mouvement; mais ayant échoué dans ses prières, et entendant les canons, dont les amarres étaient coupées par les flammes, tomber l'un après l'autre dans la cale et y faire explosion, il crut devoir enfin songer à sa sûreté, et, saisissant un cordage, il se laissa glisser en dehors du navire au bout du gui, d'où il sauta à la mer et gagna le canot à la nage. Toutefois, pour offrir encore aux pauvres gens qui s'obstinaient à demeurer le moyen de se sauver, un des bateaux resta en station au-dessous de la poupe jusqu'au moment où les flammes, qui s'échappaient avec violence des fenêtres de la chambre du conseil, rendirent cette position insoutenable. Alors seulement le bateau quitta le *Kent.*

Ainsi tout l'équipage et les passagers du vaisseau, environ six cents hommes, étaient transportés et entassés à bord d'un navire de deux cents tonneaux. Ce n'était pas sans d'héroïques efforts de la part du capitaine de la *Cambria* et de son équipage que cet heureux succès avait été obtenu. Tandis que les huit matelots du brick manœuvraient leur bâtiment, les mineurs de Cornouailles s'étaient établis sur les portehaubans, dans la position la plus périlleuse, et, déployant la prodigieuse force musculaire dont le ciel les a doués, saisissaient dans les bateaux, à chaque retour de la vague, quelqu'une des victimes du naufrage et l'entraînaient sur le pont.

Avant de quitter ce lieu de désastre, l'attention des naufragés fut absorbée par la catastrophe finale de cette longue tragédie. Peu après l'arrivée du dernier bateau, les flammes montèrent avec la rapidité de l'éclair jusqu'au haut de la mâture du *Kent*, qui ne forma plus qu'une masse de feu ; les mâts ne tardèrent pas à s'écrouler. Enfin le magasin à poudre étant gagné par les flammes, l'explosion eut lieu, et les débris du *Kent* furent lancés en l'air comme autant de fusées.

Cependant le brick mit le cap sur l'Angleterre et fila bientôt neuf à dix nœuds. La condition des naufragés n'était pas encore exempte de danger, et leur grand nombre sur un si petit espace les laissait exposés à des souffrances indicibles. Une chambre disposée pour huit ou dix personnes en recevait près de quatre-vingts ; ceux qui encombraient le pont étaient obligés de rester nuit et jour dans l'eau jusqu'à la cheville du pied, à moitié nus et transis de froid ; on était tellement entassé dans l'entre-pont, que la flamme d'une bougie s'y éteignait à l'instant.

Heureusement, le vent continua à souffler du sud-ouest et augmenta même de violence ; l'habile capitaine de la *Cambria*, se couvrant de voiles, au risque de rompre les mâts, pressa si noblement la marche de son brick, que, dans l'après-midi du 5 mars, on entendit partir du haut de la hune le cri joyeux de : *Terre à l'avant !* A minuit et demi, on jeta l'ancre dans le port de Falmouth.

Le dimanche suivant, le colonel, à la tête de son régiment, le capitaine avec ses officiers et les passagers se réunirent pour rendre à Dieu des actions de grâces publiques.

XIII

RELATION DU CAPITAINE LESQUIN

Lorsqu'on jette les yeux sur une carte du Grand
Océan Austral, on aperçoit, entre les 46ᵉ et 47ᵉ de-
grés de latitude, et les 44ᵉ et 47ᵉ degrés de longitude,
un groupe de petites îles ayant la terre de Kerguelen
à l'est et l'île du Prince-Edouard à l'ouest. On l'ap-
pelle habituellement *groupe des îles Marion et Cro-
zet*, parce qu'il fut découvert, en 1772, par les deux
navigateurs français de ce nom ; mais il n'était vérita-
blement point connu lorsque la goëlette *l'Aventure* y
fit naufrage en 1825. Le capitaine breton qui la com-
mandait, M. Lesquin, de Roscoff, a laissé une rela-
tion intéressante de son séjour dans la plus orientale
des quatre îles qui portent le nom de Crozet et Ma-
rion.

L'Aventure partit de Maurice, le 28 mai 1825, pour ces îles, où M. Black, armateur anglais, voulait faire chasser les éléphants marins. Une fois chargée d'huile, la goëlette devait revenir au point d'armement, en laissant à terre des barriques vides et neuf hommes pour préparer un second chargement.

L'Aventure était un tout petit navire (de 55 tonneaux) dont l'équipage, fort de seize hommes, avait été formé, ainsi qu'il arrive dans les colonies, d'un mélange d'Anglais, de Français, d'Espagnols, de Hollandais et de Portugais. Comme le navire était encombré de futailles et que la traversée ne devait être que d'un mois au plus, on avait ménagé peu de place pour les pièces d'eau ; on en avait fait provision seulement pour quarante jours. Mais *l'Aventure* essuya des vents contraires ; la neige, le brouillard, les tempêtes, retardèrent sa marche. Dès le 20 juin, il fallut réduire la ration d'eau à une bouteille par homme ; le 25, on ne distribua plus qu'une demi-bouteille. Le temps ne devenait pas plus favorable. Le 8 juillet, la goëlette mouilla en vue des îles, mais sans qu'il fût possible d'y aborder. « Nous restâmes à bord, dit M. Lesquin, spectateurs de la sombre scène que nous avions sous les yeux. L'île était couverte de neige, le ciel noir et menaçant ; les vents soufflaient avec fureur. Des oiseaux marins, surpris de voir un navire aussi près du rivage, nous entouraient de leurs cris. »

La tempête continua pendant vingt jours. Il avait fallu réduire la ration d'eau à un verre pour vingt-quatre heures. Le 25, tous les tonneaux étaient à sec. Quoique la mer fût toujours aussi grosse, on se décida à envoyer une pirogue vers l'île. Neuf hommes s'y embarquèrent et purent aborder sains et saufs, mais le vent, qui redoubla pendant la nuit, ne leur

Naufrage de *l'Aventure* (juillet 1825).

permit point de revenir. Vers minuit, les câbles qui retenaient le navire à l'ancre se rompirent: le dernier canot fut emporté. Il ne restait à bord que trois hommes valides; les autres étaient sur les cadres. On manœuvra pour rallier une des îles orientales; le lendemain au soir, on put en approcher. La soif dévorait l'équipage. Tous se mirent à construire un radeau sur

lequel ils espéraient atteindre la terre pour y faire de
l'eau : mais, ce radeau terminé, il fut impossible de
le conduire vers l'île. Bientôt le vent s'éleva plus vio-
lent ; le navire fut brisé contre les récifs, mais assez
près du rivage pour que les sept hommes qu'il portait
pussent y aborder.

Parmi eux se trouvait, outre le capitaine, M. Les-
quin, un jeune Anglais, M. Fotheringham, qui avait
été envoyé pour diriger la pêche. Ce fut à la persévé-
rance, au courage et à l'intelligence de ces deux chefs
que les naufragés durent leur salut. Non-seulement
ils se montrèrent les plus actifs dans toutes les re-
cherches, les plus résolus pendant le danger, mais ils
soutinrent leurs compagnons à force d'encouragement
et de bons exemples.

M. Lesquin s'était pourvu, au moment où il avait
vu le naufrage inévitable, d'une corne renfermant un
peu de poudre et deux pierres à fusil. Il s'en servit
pour allumer un feu qui fut entretenu avec la graisse
d'un éléphant marin que ses compagnons et lui avaient
aperçu et tué presque en arrivant.

Lorsqu'ils furent réchauffés, ils s'occupèrent de re-
cueillir les débris de la goëlette, que les flots ame-
naient au rivage. Ils trouvèrent quelques vergues et le
grand mât de hune avec leurs voiles et leurs cordages,
plusieurs barriques vides, un sac de biscuit, une scie,
une hache, une vrille, un marteau.

Les biscuits avaient été mouillés par la mer ; mais
les naufragés les firent tremper dans l'eau douce, et
purent ainsi apaiser leur première faim. Ils se firent

ensuite un abri avec les voiles, choisirent celui qui
devait veiller à l'entretien du feu, et tâchèrent de s'en-
dormir. Par malheur, un tourbillon de vent emporta
leur tente vers le milieu de la nuit ; il fallut attendre
le jour sous la neige. Quand le soleil eut reparu,
MM. Lesquin et Fotheringham voulurent examiner le
lieu où ils avaient été jetés.

C'était une vallée sans aucune espèce de végétation,
entourée de monticules également arides. La neige
recouvrait le tout comme un linceul. Cependant, à
force d'examiner, ils découvrirent une fente de ro-
cher haute de trois pieds, où cinq ou six hommes
pouvaient s'abriter à la rigueur. Les naufragés s'y éta-
blirent en attendant de pouvoir construire une cabane
avec les planches de la goëlette. Quelques albatros et
des tranches d'éléphants marins suffirent à leur nour-
riture.

Dès le lendemain, on se mit à réunir des pierres
pour la construction de la hutte ; mais le travail fut
souvent interrompu par le mauvais temps ; il fallut
près de quinze jours pour l'achever. Les planches sau-
vées du navire servirent à construire le toit, et on le
recouvrit de peaux d'éléphants marins.

La mer continuait à transporter des épaves de la
goëlette. Les naufragés se procurèrent ainsi successi-
vement un matelas, des couteaux, des lances, quel-
ques outils, une marmite brisée, des fusils : « En par-
courant le rivage, nous trouvâmes aussi, dit M. Les-
quin, une boîte qui renfermait un instrument de na-
vigation et une légère somme d'argent ; le propriétaire

ramassa l'instrument, mais croyant l'argent chose dé-
sormais inutile pour lui, il le laissa sur la grève, et
personne n'y toucha. »

Quand on eut pris possession de la cabane, MM. Les-
quin et Fotheringham se décidèrent à une excursion
dans l'île. Le premier avait remarqué au nord-ouest,
entre deux montagnes, une gorge qui devait conduire
à une autre vallée. Ils prirent cette direction, et, après
des fatigues inouïes, ils y arrivèrent.

Les éléphants marins y étaient plus nombreux que
dans la *vallée du naufrage*. En continuant leur route,
ils entendirent des cris variés dont ils ne reconnurent
la cause qu'en arrivant au rivage. « Des milliers d'une
espèce de pingouins bien différents de ceux que nous
avions trouvés près de notre baie, dit M. Lesquin,
étaient rassemblés sur un plateau de pierre au milieu
duquel coulait un fort ruisseau, et la place qu'ils oc-
cupaient était sans neige, mais répandait au loin une
odeur infecte. Les petits, encore couverts de duvet,
se tenaient ensemble et tout autour d'eux étaient
rangés leurs pères et mères. Un espace large d'en-
viron deux pieds était laissé inoccupé pour donner un
libre passage jusqu'au lieu de la ponte des pingouins
qui revenaient de la mer pour nourrir leurs petits.
L'harmonie la plus parfaite semblait régner parmi
eux, et tous leurs efforts paraissaient se borner à
chasser cette espèce de pigeons dont j'ai parlé, et qui
tàchaient de dérober les aliments réservés aux jeunes
pingouins. »

Après avoir trouvé des œufs et tué des albatros, les

deux voyageurs quittèrent la vallée qu'ils venaient de
découvrir, et à laquelle ils donnèrent le nom de *vallée
de l'Abondance*, pour rejoindre leurs compagnons;
mais la nuit les surprit en chemin, et ils s'égarèrent.
Après une marche de trois heures dans la neige qui
couvrait la terre, ils furent tellement saisis par le
froid, qu'ils laissèrent là leur butin pour aller plus
vite. Ils atteignirent un glacier qui leur parut s'éten-
dre doucement jusqu'au pied de la montagne, et sur
lequel ils se laissèrent glisser; mais ils perdirent brus-
quement prise à un endroit perpendiculaire, et tom-
bèrent de cinquante pieds de haut dans un lit de neige
qui amortit heureusement la chute. M. Lesquin en fut
quitte pour un doigt démis, et M. Fotheringham pour
une douleur de reins qui dura plus d'un an. Il leur
fut impossible de se remettre en route avant le retour
du soleil.

Leur absence avait duré trois jours, et leurs compa-
gnons les croyaient morts. Ils apprirent en arrivant
que les oiseaux avaient dévoré la petite provision de
chair d'éléphant marin épargnée jusqu'alors, et qu'on
n'avait pu rien prendre depuis leur départ.

La neige et le vent qui continuèrent les jours sui-
vants ne permirent point de réparer ce malheur. Ils
sortirent à plusieurs reprises sans rien trouver; les
oiseaux eux-mêmes se cachaient pour échapper à la
fureur de l'ouragan. La faim avait abattu tous les
courages. La graisse d'éléphant marin qui servait à
entretenir le feu étant épuisée, il fallut entamer la
précieuse provision de bois qu'on avait jusqu'alors

respectée. Les naufragés s'étaient couchés autour du foyer, qu'ils ne voulaient plus quitter. Le temps s'étant un peu radouci, MM. Lesquin et Fotheringham les engagèrent à se rendre avec eux dans la vallée de l'Abondance. A force de sollicitations, ils en persuadèrent quelques-uns, arrivèrent non sans peine à la grève qu'ils avaient déjà visitée, tuèrent des éléphants marins dont ils mangèrent, puis revinrent à la cabane. Les trois compagnons qu'ils y avaient laissés étaient presque privés de sentiment; il fallut les faire manger, et ils furent plusieurs jours avant de reprendre leurs forces.

Ce fut la dernière fois que les naufragés eurent à souffrir de la faim : l'arrivée des éléphants marins en plus grand nombre, et des précautions mieux entendues prévinrent le retour de cette cruelle épreuve.

Ainsi que nous l'avons déjà dit, les îles Crozet sont complétement dépouillées; à peine y aperçoit-on, en été, quelques mousses qui tachent de loin en loin un sol composé de sable et de pierres, et quelques herbes amères dont M. Lesquin et ses compagnons se servirent pour assaisonner leur nourriture, qui se composait de la chair de plusieurs espèces d'amphibies, d'oiseaux et d'œufs recueillis sur les rochers. La peau des éléphants et des loups marins fournissait des vêtements, que l'on cousait au moyen d'aiguilles fabriquées avec les os des albatros.

Les colons involontaires de l'île Crozet s'étaient insensiblement acclimatés; leurs santés se rétablirent;

on convint d'un règlement qui diviserait les occupations entre les naufragés.

Malheureusement la concorde était souvent troublée : les différences de nationalité amenaient des insultes et des défis. En revenant d'une excursion dans une vallée qu'ils avaient découverte à l'est, MM. Lesquin et Fotheringham trouvèrent un des matelots presque mort à la suite d'une rixe sanglante. Ils déclarèrent alors à ceux qui l'avaient maltraité qu'ils n'habiteraient pas plus longtemps avec eux, et, ayant construit une cabane, ils y emmenèrent le blessé, et firent désormais bande à part de leurs compagnons, auxquels ils cessèrent même de parler.

Tout allait bien dans la nouvelle hutte. M. Lesquin avait découvert de l'argile et de la tourbe; il réussit à fabriquer des pots de terre qui supportaient le feu. L'abondance récompensait les efforts, et la résignation adoucissait l'isolement. Mais une nuit qu'ils reposaient, après une course fatigante à la vallée de l'Abondance, ils furent réveillés en sursaut par une masse d'eau qui enfonça le toit, renversa deux murs et remplit la maison. C'était un ras de marée qui avait envahi une partie de la vallée.

M. Lesquin et son compagnon n'eurent que le temps de fuir. En quelques instants, la vague emporta tout ce qu'ils avaient eu tant de peine à édifier et à réunir. Ceux dont la demeure était plus éloignée du rivage ne furent point inquiétés par les eaux; mais n'apercevant plus, le lendemain, la hutte du capitaine et du directeur, ils accoururent, et les trouvèrent tous deux

occupés à construire une nouvelle cabane. Tant de
courage les toucha : ils supplièrent leurs anciens chefs
de revenir avec eux, en promettant de se montrer plus
respectueux que par le passé ; et depuis ce jour, en
effet, MM. Fotheringham et Lesquin n'eurent plus à
se plaindre de leur conduite.

Cette réunion réveilla l'imagination du capitaine
breton. En voyant les milliers d'albatros éclos dans
l'île, et qui devenus forts s'envolaient vers la mer, il
se rappela que ces oiseaux suivaient d'habitude les
navires baleiniers et s'abattaient sur la baleine har-
ponnée dès qu'elle a cessé de vivre : les matelots s'a-
musent alors à les abattre à coup de fusil ou à les
prendre à l'hameçon. Il pensa que ce pouvait être un
moyen de faire connaître son sort. En conséquence, il
fabriqua cent petit sacs de cuir de loup marin, y
plaça cent billets dans lesquels il indiquait la position
des naufragés de *l'Aventure* en demandant secours,
puis il attacha ces sacs au cou des jeunes albatros
surpris dans leur nid.

Cette chance de salut était pourtant trop éloignée,
trop incertaine pour qu'il fût possible de s'en conten-
ter. Le capitaine proposa, en conséquence, à ses gens
de construire une barque avec laquelle ils pourraient
aller à la rencontre de quelque vaisseau ou aborder
une terre voisine. Les bois du navire furent employés
pour la membrure ; on fixa par-dessus des douvelles de
barrique avec des fils de caret ; les peaux d'éléphant
marin recouvrirent le tout, et furent tendues de ma-
nière à former un pont. La barque avait seize pieds de

quille et six pieds de bau ; elle était mâtée et garnie
d'une voile de peau d'éléphant marin. Enfin il restait
peu de chose à y faire, lorsque le 21 décembre, vers
onze heures, M. Fotheringham, qui était sorti, poussa
un grand cri et arriva à la cabane si pâle, que tout le
monde crut à un malheur. On l'entoura en l'interro-
geant ; mais il ne pouvait parler : il entraîna seule-
ment M. Lesquin au dehors et lui montra la mer...
Un navire venait de paraître à l'horizon et cinglait
vers l'île.

Fous de joie, les naufragés se hâtèrent d'allumer
un grand feu ; il ne fut malheureusement point aperçu,
et le navire disparut. Il se montra encore deux fois le
lendemain, et s'éloigna de nouveau. M. Lesquin et ses
gens le virent ainsi à plusieurs reprises sans pouvoir
se faire remarquer. Enfin, le 6 janvier 1827, l'équi-
page vit les feux, et envoya à terre une embarcation
qui recueillit les naufragés.

Ce navire était un baleinier nommé le *Cape-Packet*,
qui venait de l'île du Prince-Édouard, avait découvert
les Crozet, dont il ne soupçonnait pas l'existence, et
s'y était arrêté pour la pêche de l'éléphant marin. Le
capitaine Duncan reçut avec de grands témoignages de
compassion les naufragés qui, vêtus de peaux de loups
marins, noircis par la fumée et défigurés par leurs
longues barbes et leurs longs cheveux, ressemblaient
à peine à des créatures humaines. Après dix-huit mois
d'abandon dans ces îles maudites, ils purent enfin re-
trouver les joies et les aisances de la civilisation.
Lorsque le chargement fut complet (le 3 février), le

capitaine Duncan mit le cap sur l'île où avaient abordé les neuf hommes de *l'Aventure* envoyés pour faire de l'eau ; on eut le bonheur de les retrouver tous, et le *Cape-Packet* fit aussitôt route pour le cap de Bonne-Espérance, où M. Lesquin et ses compagnons furent débarqués le 5 mars 1827 [1]

[1] *Magasin pittoresque,* tome XIX.

XIV

RELATION D'UN TÉMOIN DU NAUFRAGE

Le trois-mâts *l'Amphitrite*, commandé par le capitaine Hunter, transportait à Sydney, en Australie, des femmes et des enfants condamnés à la déportation. Il avait quitté Woolwich le 26 août 1833. Dès le 29, il fut assailli par une violente tempête, et le 31, il était jeté sur les côtes de France, en vue du port de Boulogne. Les malheureuses femmes qu'il transportait périrent dans ce naufrage avec la plus grande partie de l'équipage, par suite de la fatale obstination du capitaine, qui s'opposa à leur débarquement, dans la crainte d'une évasion. Un témoin oculaire a donné la relation suivante de cet événement affreux :

« *Trois heures du soir.* — La mer est toujours furieuse, tout annonce une nuit terrible ; les bateaux-pêcheurs sont tous rentrés au port, sauf un, le n° 70,

Naufrage de *l'Amphitrite* (31 août 1833).

que l'on croit perdu. Le bruit se répand que le paquebot de Londres, qui nous a quittés hier dans la nuit, est également perdu. Je ne puis croire à cette nouvelle, qui n'est peut-être que prématurée, car tout est à craindre. Si le paquebot a pu toucher Ramsgate, il est sauvé.

« Je sors à l'instant pour me rendre sur la plage ; on signale un bâtiment en détresse : c'est un trois-mâts ; il ne porte point de pavillon. Avec la longue-vue, il est facile de voir qu'il cherche à gagner le large ; les vents le repoussent sur la côte ; s'il échoue, il est perdu.

« *Quatre heures et demie.* — L'événement prévu est arrivé : le vaisseau vient d'échouer presque en face de l'établissement des bains ; la mer est plus horrible que jamais ; elle se retire. Avec la lorgnette, il est facile de distinguer l'équipage. Des marins se précipitent de tous côtés sur la plage ; on traîne à bras un canot ; on espère au moins sauver les hommes ; quant au navire, il n'y faut plus penser : la mer, en montant, doit le mettre en pièces.

« *Six heures.* — Le canot est à la mer, il ne peut approcher. Un patron de bateau-pêcheur, Hénin (n'oubliez pas ce nom), déclare qu'il va se jeter à la mer ; il se débarrasse de ses vêtements et prend en main une corde ; personne n'ose le suivre : on le voit lutter contre les flots. Ce qui étonne tout le monde, c'est l'immobilité de l'équipage, qui ne fait aucun signal. On s'en demande le motif : les malheureux n'en ont-ils plus la force ? le capitaine espère-t-il sauver le bâtiment?... Je cours moi-même sur la plage.

« *Onze heures du soir.* — Quel horrible spectacle! je ne l'oublierai de ma vie. Trente cadavres sont entassés pêle-mêle dans la remise du bâtiment appartenant à la Société humaine. Tout a péri; trois matelots seuls sont hors de danger. Quelle épouvantable nuit!...

« Vers sept heures du soir, on voit le brave Hénin toucher le vaisseau. On aperçoit un matelot qui lui jette une corde, puis la corde est retirée; Hénin, sur le point de périr lui-même, est obligé de lâcher prise et de regagner la plage. Il veut se jeter de nouveau à la mer, mais il est épuisé... Il faut renoncer à tout espoir de sauver ces infortunés; la nuit tombe, la mer commence à monter, le bruit des vents, le mugissement des vagues, ne permettent point d'entendre les cris de ces malheureux. Comment vous dépeindre l'anxiété de la foule qui couvre la plage découverte par la marée? Un grand nombre d'intrépides marins se sont mis à la mer pour tâcher de recueillir les naufragés. L'obscurité redouble; les vents mugissent avec plus de violence; les vagues se succèdent avec force; on distingue à peine le bâtiment. La mer oblige les plus intrépides à reculer. Bientôt un mât est amené aux pieds des spectateurs, puis des tonneaux, puis des débris, puis des cadavres.

« On court de tous côtés avec des fanaux; on se précipite sur la falaise; à chaque instant, on ramène des femmes et des enfants, des hommes... Tous morts!...

Un marin court vers un rocher ; il croit apercevoir quelqu'un dans l'ombre ; c'est un malheureux matelot. On le prend, on le porte dans la salle de secours de la Société humaine ; deux autres sont recueillis ; l'un est trouvé sans connaissance à califourchon sur une planche que la vague a poussée sur le rivage ; l'autre est ramené sur le sable, presque insensible. On les transporte à l'hôtel de la Marine, où les soins les plus touchants leur sont prodigués par le maître de l'hôtel, et surtout par une Anglaise, madame Austin, dont le zèle et le courage ont été admirables. Une autre jeune Anglaise, madame Curtis, fille de M. Avet, dont le grand-père a fondé la Société humaine, et qui se trouve logée à l'hôtel, s'empare d'une jeune femme amenée toute nue et déposée sur une table ; à force de frictions, on rappelle un peu de chaleur ; mais, hélas ! plus d'espoir ! L'infortunée ouvre les yeux, puis expire ; on l'emporte, et madame Curtis court prodiguer ses soins à d'autres. La malheureuse était d'une beauté remarquable.

« Dans cet horrible moment, les marins de la douane et ceux de la Société humaine font preuve d'une activité qu'il est impossible de dépeindre. A mesure que les corps sont apportés, les chirurgiens s'en emparent ; on les roule dans des couvertures, on les saigne. Une femme fait un léger mouvement ; un sang noir s'échappe de son bras, elle soulève ses paupières, on espère : elle meurt ! Au fur et à mesure de cette terrible inspection, on dépose les cadavres dans un coin de la salle.

« Les deux naufragés auxquels madame Austin a prodigué ses soins sont sauvés, ils ont repris leurs sens ; nous apprenons par eux que le bâtiment naufragé est anglais, qu'il se nomme *l'Amphitrite*, que c'est un bâtiment de transport pour les condamnés à la déportation. Il y avait à bord cent huit femmes, douze enfants, seize hommes d'équipage. Les matelots sauvés sont John Rice, John Owen et James Towsey. Owen, qui était maître d'équipage, est un homme superbe, dans la force de l'âge ; Rice et Towsey sont deux jeunes gens.

« *1er septembre, neuf heures du matin.* — J'étais à six heures à la douane. Dans la nuit, on avait recueilli quarante-trois cadavres du sexe féminin. J'ai vu, de mes yeux, ramasser dans le port une jeune femme serrant dans ses bras un enfant de deux ans. Presque tous les corps sont dépouillés de leurs vêtements. La plage est couverte de débris ; la carcasse du bâtiment est, en quelque sorte, pulvérisée ; je ne crois pas l'expression trop forte. Nos malheureux naufragés vont parfaitement bien. Nous avons profité d'un peu de repos pour interroger Owen et Rice, et nous avons reçu les dépositions ci-dessous.

« J'ai reçu également celle du brave Hénin ; ce sont deux documents importants pour l'histoire de cet épouvantable événement.

« Nous avons ouvert une souscription pour les naufragés et pour récompenser les braves marins qui ont exposé leur vie. Quant à Hénin, c'est au gouvernement à récompenser son intrépidité ; ce n'est pas la première fois qu'il s'honore par de pareils traits. »

DÉPOSITION D'HÉNIN (FRANÇOIS), PATRON DE BATEAU-PÊCHEUR

Hénin déclare que, vers six heures moins un quart, il dit au capitaine du port qu'il voulait se rendre à bord du bâtiment échoué, et que les marins n'avaient qu'à le suivre ; que, quant à lui, il était résolu à s'y rendre seul ; qu'il courut sur la plage avec une corde ; qu'il se dépouilla de ses vêtements et se jeta dans la mer. Il pense avoir nagé pendant près d'une heure, et avoir approché le vaisseau anglais vers sept heures ; il héla alors le bâtiment, et cria en anglais : « Jetez-moi une corde pour vous conduire à terre, ou vous êtes perdus, car la mer monte. » Des hommes de l'équipage l'entendirent ; il était alors du côté tribord du vaisseau, qu'il toucha même ; il vit un matelot, et lui cria de dire au capitaine de jeter des cordes. Les matelots lui jetèrent deux cordes : une de la proue, une autre de la poupe ; il put saisir celle de la proue seulement ; il se dirigea alors vers la plage ; mais la corde qu'il tenait était trop courte et lui manqua. Il revint sur le bâtiment, s'y accrocha, cria à l'équipage de le hisser à bord ; mais alors ses forces l'abandonnèrent. Il se sentit épuisé, et ce ne fut qu'avec peine qu'il put rejoindre la terre.

John Owen, né à Crawford, dans le comté de Kent, déclare être maître d'équipage à bord de *l'Amphitrite*, capitaine Hunter, à destination de Sydney.

L'Amphitrite quitta Woolwich dimanche, 26 août; la tempête commença dans la nuit du 29, quand le bâtiment était en vue de Dungeness; le 31, il était à trois milles est du port de Boulogne. Le capitaine fit ses efforts pour l'éloigner de la côte, mais en vain. Sur les quatre heures de l'après-midi, le bâtiment fut entraîné par la violence du vent et prit terre. Le capitaine ordonna de jeter l'ancre, dans l'espoir qu'à la marée montante le bâtiment pourrait se remettre à flot. Vers cinq heures, un bateau français vint à leur secours; Owen et Rice, ni aucun des hommes de l'équipage, n'en eurent connaissance. Ils étaient en ce moment à travailler sous le pont à faire leurs paquets, espérant pouvoir débarquer. Owen pense qu'alors il eût été possible de sauver tout le monde. Avant l'arrivée du bateau, il vit un homme qui, du rivage et avec son chapeau, faisait signe de débarquer. Il aperçut ensuite un homme à la nage du côté de la poupe, qui leur cria en anglais de lui jeter une corde, ce que lui, Owen, allait faire, quand il en fut empêché par le capitaine.

Après le départ du bateau, le capitaine demanda Owen, et lui dit de mettre à la mer le grand canot.

Mais il changea ensuite d'avis et déclara qu'aucun canot n'irait à terre. Au même instant, les condamnés qui étaient sur le pont demandèrent à grand cris le canot; trois femmes dirent à Owen qu'elles avaient entendu le chirurgien dire au capitaine de ne point accepter l'assistance du bateau français.

Sur les sept heures, la mer commença à monter, et l'équipage, voyant qu'il n'y avait plus d'espérance de salut, monta sur les vergues, les femmes restant sur le pont. Cette situation dura plus d'une heure et demie. Tout à coup le vaisseau se sépara en deux, et toutes les femmes furent enlevées par les flots. Owen, le capitaine, quatre matelots et une femme étaient sur les vergues. Owen estime qu'il resta dans cette position près de trois quarts d'heure. S'apercevant que les mâts, les vergues, les voiles étaient sur le point de céder à la violence du vent et de la mer, il dit à ses camarades qu'il était inutile de rester plus longtemps, qu'ils allaient périr, et qu'il fallait tâcher de nager jusqu'à terre. Il s'élança alors dans la mer, et pense avoir nagé près d'une heure avant d'atteindre le rivage, où il fut recueilli par un Français, et conduit sans connaissance à l'hôtel de la Marine. Owen ajoute qu'il était parfaitement instruit du danger que courait le navire dès l'instant de l'échouement, mais que ni lui ni ses camarades n'avaient voulu paraître effrayés.

DÉPOSITION DE JEAN RICE

Il déclare être né à Londres : il confirme la déposition d'Owen, et ajoute qu'il fit remarquer au capitaine la personne qui, du rivage, lui faisait signe de débarquer; le capitaine lui tourna le dos.

En réponse à une question à ce sujet, il déclare que le capitaine n'était pas ivre et qu'il était. copropriétaire du bâtiment. Owen et Rice disent que toutes les femmes étaient enfermées, mais que, lors du danger, elles forcèrent les portes et se précipitèrent sur le pont. Il y avait déjà six pieds d'eau à fond de cale.

XV

NAUFRAGE DE LA CORVETTE LA MARNE

RAPPORT DU COMMANDANT GATIER

Stora, le 26 janvier 1841.

Monsieur le ministre,

J'ai à remplir le pénible devoir de faire connaître à Votre Excellence le naufrage de la corvette de charge *la Marne*, dont le commandement m'a été confié.

Arrivé le 15 janvier à Stora (Algérie), où nous avions à débarquer un matériel d'artillerie considérable, le bâtiment fut amarré, par le maître du port, au mouillage le plus convenable, entre deux rangs de navires du commerce qui occupent d'ordinaire la position la plus abritée.

Deux ancres de bossoir, l'une avec 100 brasses de chaîne, l'autre avec 80 brasses, par 11 et 10 brasses

de fond, furent mouillées en barbe. L'ancre de veille
de tribord, empennelée d'une ancre à jet, fut mouillée
par bâbord-arrière pour servir d'ancre d'évitage; elle
avait une biture de 80 brasses. Deux grelins bout-à-
bout, fixés sur les roches qui bordent la plage, nous
tenaient par tribord. Telle était la disposition de notre
amarrage à quatre. Dès qu'il fut terminé, on dépassa
les mâts de perroquets et le déchargement commença.

Le 21, dans la journée, la mer devint houleuse, le
temps de mauvaise apparence; le baromètre marquait
27^p, 6^l; le vent soufflait par rafales violentes du N. E.
au N. N. E., au N. et au N. O. La mer continuant à
grossir, j'ordonnai de mouiller, par précaution, l'an-
cre de veille de bâbord, de filer les chaînes pour les
faire travailler et de donner en même temps du mou
dans nos amarres que le ressac de terre fatiguait.

Dans cette soirée du 21, plusieurs navires de com-
merce demandèrent des secours; nos ancres à jet et
des grelins leur furent envoyés; quelques équipages,
abandonnant leurs bâtiments, vinrent chercher un
refuge à bord de *la Marne;* nous calâmes les mâts de
hune; les basses vergues furent amenées sur les porte-
lofs. Nous tînmes parfaitement, malgré la grosseur
prodigieuse de la houle, qui déjà avait jeté deux na-
vires à la côte.

Le 22, à dix heures du soir, la chaîne de bâbord
se brisa, le câble et la seconde chaîne nous main-
tinrent.

Le 23 et le 24, le temps parut s'améliorer; la mer
s'amortit, et nous pûmes draguer la chaîne cassée,

en rembraquant les grappins sur un brick mouillé devant nous. Cette recherche, d'abord infructueusement tentée, réussit dans la nuit du 24; le 25 au matin, nous pûmes remailler la chaîne et la faire travailler avec les autres.

Cette opération était terminée depuis quelques heures, lorsque le temps devint affreux. Le golfe de Stora n'était plus qu'un vaste brisant d'où surgissaient des lames monstrueuses qui venaient déferler sur le mouillage. Je fis condamner les panneaux du pont et de la batterie; nos canots de portemanteaux et quelques hommes furent enlevés par la mer, dans laquelle la corvette plongeait jusqu'au mât de misaine, vingt bâtiments se brisaient à la côte; trois autres, mouillés près de nous, venaient de sombrer sur leurs ancres. La chaîne de bâbord se rompit; nous commençâmes à chasser, quoique avec lenteur.

Par mesure de précaution, en voyant ce temps extraordinaire, j'avais fait prendre le bout du câble d'évitage par l'avant; je fis couper les bosses qui le maintenaient sur l'arrière, espérant rappeler dessus, et, en bordant l'artimon pour profiter des rafales, maintenir le bâtiment entre les lames du large et le ressac qui venait de terre, et éviter les brisants dont nous n'étions plus qu'à une faible distance. Cette espérance fut vaine; rien ne pouvait résister à la mer qui nous maîtrisait : à deux heures trente minutes, nous talonnâmes; notre position était désespérée.

Je réunis les officiers, le maître de port, le maître d'équipage et quelques capitaines au long cours réfu-

giés à bord pour avoir leur opinion. Leur avis una-
nime, qui était aussi le mien, fut de filer toutes les
amarres pour éviter de toucher sur les rochers de la
Pointe-Noire et de chercher à faire côte dans l'anse, de
plus facile accès, qui se trouve au sud des brisants sur
lesquels nous venions de voir broyer et disparaître,
en moins de deux minutes, un navire de commerce.
Nous fûmes assez heureux pour réussir; et le bâti-
ment, après d'affreuses secousses, vint se crever sur
un banc de sable dur et mêlé de roches, à environ 40
brasses de la côte, où M. le commandant de la marine
à Stora dirigeait les secours que toutes les armes de
la garnison de Philippeville et la population civile
s'empressaient de nous porter. C'est à ce dévouement
admirable, qui fut fatal à plusieurs de ces hommes gé-
néreux, que nous devons d'avoir sauvé une partie de
l'équipage.

Au moyen de pièces de mâture et de panneaux filés
à la côte, on parvint à établir un va-et-vient. Le sau-
vetage commença un à un, sans confusion, avec cet
héroïque sang-froid que, dans tout ce désastre, n'a
cessé de montrer l'équipage de *la Marne*. Nous trou-
vant plus rapprochés de terre, je fis abattre le mât
d'artimon, espérant en faire un pont qui présenterait
quelque moyen de salut. Au moment de sa chute, un
affreux coup de mer fit dévier sa direction; il tomba
le long du bord et la corvette se divisa en trois par-
ties. Le va-et-vient ne pouvait plus être utile qu'à ceux
qui se trouvaient près du couronnnement. Le grand
mât venait de s'abattre; j'ordonnai à ce qui restait

Naufrage de *la Marne* (janvier 1841).

d'hommes à portée de passer dessus. Je m'y réfugiai ensuite avec l'enseigne de vaisseau de Nougarède. Quelques instants après, une lame monstrueuse s'abattit sur les débris de *la Marne*; tout fut englouti. Au retrait de cette effroyable masse d'eau, qui avait poussé le grand mât plus près de terre, ceux qui étaient dessus purent se sauver. J'y restai seul avec le maître charpentier, homme de courage et d'intelligence. A une nouvelle embellie, je le fis partir et je me lançai sur la grève le dernier, conformément à l'article 289 de l'ordonnance de 1827. Là, mes forces défaillirent; j'ai appris depuis qu'un marin nommé Zévaco et M. Dessouliers, colon de Philippeville, avaient généreusement exposé leur vie pour me traîner à terre au moment où la mer allait m'atteindre et me remporter au large.

J'ai, monsieur le ministre, à vous signaler des pertes douloureuses et d'héroïques dévouements. Nous avons perdu cinquante-deux hommes, au nombre desquels le chirurgien-major, le commis d'administration, l'enseigne de vaisseau Karche et mon second, le lieutenant de vaisseau Dagorn, officier d'un rare mérite, dont la perte se fera longtemps sentir à mon cœur.

En regard de ce pénible tableau, je mettrai sous les yeux de Votre Excellence la belle conduite de l'équipage de *la Marne* : pas un cri, pas une plainte, pas une marque de faiblesse; mes ordres, jusqu'au dernier instant, ont été exécutés comme dans les circonstances ordinaires, et de grandes preuves d'affection m'ont été données. Blessé à la jambe, c'est par les soins de mes matelots que j'ai pu gagner le grand mât, et il m'a fallu employer toute mon autorité pour les forcer à le quitter avant moi.

L'enseigne de vaisseau de Nougarède, seul officier échappé à cette catastrophe, est resté constamment près de son capitaine, a fait exécuter mes ordres avec un admirable sang-froid et contribué à diminuer le nombre des victimes. C'est un officier digne de toute votre bienveillance.

Monsieur l'amiral, en vous traçant l'historique du naufrage de *la Marne*, j'ose espérer que vous jugerez que chacun a fait son devoir, et que j'ai tenté tout ce qui était humainement possible pour sauver d'abord le bâtiment, ensuite l'équipage. Nous avons subi les conséquences d'un temps extraordinaire; nous avons lutté avec énergie, mais la lutte était trop inégale. Vingt-quatre bâtiments brisés sur la côte de Stora et trois sombrés sous leurs ancres vous feront assez connaître le temps que nous avons éprouvé, et que je ne puis comparer à rien de ce que j'ai vu depuis que je suis dans la marine. Il est une chose qui paraîtrait incroyable, si elle ne s'était passée sous les yeux de plus de deux mille spectateurs : après l'évacuation des débris encore debout de *la Marne*, un brick chaviré, poussé par une de ces étonnantes masses d'eau qui nous avaient assaillis, les a franchis sans s'y arrêter et est venu planter son beaupré dans les falaises.

Il me reste, monsieur l'amiral, à vous faire connaître le dévouement avec lequel nous avons été secourus par les troupes et les habitants [de Philippeville. Au

coup de canon que nous avons tiré en hissant le pa-
villon en berne, M. le colonel d'Alphonse, comman-
dant supérieur, s'est porté sur la côte à la tête de la
garnison qu'il a mise à la disposition de M. le com-
mandant de la marine. Un service d'ambulance où nos
malheureux naufragés, trempés de froid, trouvaient
de prompts secours, a été organisé rapidement; des
prolonges, des brancards munis de couvertures, ser-
vaient à leur transport; ce service était dirigé avec
une intelligence et une activité rares par M. le sous-
intendant militaire de Pontbriant.

Qu'il me soit permis d'acquitter ici une faible par-
tie de la dette de vive reconnaissance que nous avons
contractée envers M. le capitaine de corvette de Mar-
qué, commandant du port de Stora. Nous devons à la
bonne direction qu'il a donnée au sauvetage et à son
dévouement particulier, qui deux fois a failli lui être
funeste, la conservation de plusieurs de nos compa-
gnons d'infortune.

Nos marins ont été casernés dans une des salles de
l'hôpital; de vieux effets de troupes leur ont été dis-
tribués; à l'exception de quelques blessés, tous sont
parfaitement remis.

Dès que le temps le permettra, nous commencerons
le sauvetage de ce qui reste encore de *la Marne*; cette
opération terminée, je m'occuperai de revenir en
France pour y rendre compte de ma conduite.

Daignez agréer, etc.

Le capitaine de corvette : GATIER.

XVI.

NAUFRAGE DU COLIBRI

RAPPORT DE M. ANQUEZ, VOLONTAIRE, AU COMMANDANT DE LA STATION
NAVALE DE BOURBON

A bord du *Berceau,* 23 avril 1843.

Monsieur le commandant,

Je profite du premier moment de repos que me laisse la fièvre pour remplir le pénible devoir de vous faire un rapport aussi circonstancié que possible sur les événements qui ont précédé, occasionné et suivi le terrible sinistre du brick *le Colibri*, à bord duquel j'étais embarqué comme volontaire de la marine.

Le 25 février, à cinq heures et demie, étant mouillé sur la rade de Mourounsanga, la corvette *le Berceau* fit le signal d'appareiller : les trois bâtiments *le Berceau*, *le Voltigeur* et *le Colibri* mirent sous voile avec

beau temps, petite brise de nord-ouest variable, tenant
le plus près pour doubler les îles Radama. A six heu-
res, la corvette fit le signal de forcer de voiles en s'éle-
vant au vent, sans perdre l'amiral de vue. La brise
fraîchissait et la mer devenait grosse. A une heure et
demie, le commandant fit le signal de ralliement ap-
puyé d'un coup de canon : nous nous aperçûmes alors
que *le Berceau* venait de mouiller et nous laissâmes
porter immédiatement pour le rejoindre[1].

La brise ayant beaucoup fraîchi, le capitaine fit
prendre deux ris aux huniers et le ris de la grand'voile.
A deux heures quarante-cinq minutes, on nous fit
le signal de passer à poupe de la corvette, et le ca-
pitaine reçut l'ordre de sonder en gouvernant au sud-
ouest du compas ; nous exécutâmes l'ordre reçu, et, le
fond augmentant graduellement de 6 à 25 brasses,
nous en donnâmes connaissance au *Berceau*, qui mit
sous voiles, et nous continuâmes à tenir le plus près
pour nous élever au vent; la mer était grosse, le
temps avait mauvaise apparence, la mer était très-
forte et la pluie tombait par torrents. Les derniers
signaux dont j'eus connaissance furent l'ordre de ral-
liement à Mayotte en cas de séparation, et, la der-
nière fois que je vis *le Berceau*, ce fut au moment où
les trois bâtiments virèrent de bord lof pour lof près
de l'île la plus nord des Radamas que nous cherchions

---

[1] La corvette, qui louvoyait la sonde à la main, venait de se trouver
inopinément au milieu de pâtés de coraux par quatre brasses d'eau.
Elle avait mouillé pour envoyer ses canots sonder cet écueil, que n'in-
dique aucune carte, et s'assurer que le bâtiment pourrait le franchir.

à doubler. Je gardai le quart jusqu'à huit heures ; le mauvais temps augmentait et la mer était très-grosse. A huit heures, je rendis le quart à M. Maureau, et je fus me coucher. J'entendis, mais indistinctement, virer de bord plusieurs fois, car, étant fatigué des travaux de la journée, je dormis assez profondément.

A quatre heures du matin, je relevai M. Burger (le lieutenant), qui me dit que *le Voltigeur* avait doublé l'île et que nous ne devions pas tarder à la doubler aussi.

Le capitaine, M. Orcel, venait de descendre dans sa chambre après avoir passé la nuit sur le pont. Je fis jeter le loch, nous filions deux nœuds et demi, et je descendis chez le capitaine pour prendre ses ordres ; il me dit de virer de bord, de passer ensuite devant pour m'assurer si nous doublions l'île et de venir lui en rendre compte. Je remontai sur le pont et pris les amures à bâbord ; je fus devant, mais le temps était tellement noir que je ne pus voir l'île. J'envoyai un gabier en vigie avec l'ordre de me prévenir aussitôt qu'il en aurait connaissance, et j'allai rendre compte au capitaine de ce qui se passait. Il me dit que c'était bien, me recommanda de le prévenir s'il arrivait quelque chose de nouveau et d'exercer une extrême surveillance pour la terre.

Je remontai sur le pont : la brigantine battait avec force et menaçait de se déchirer. J'envoyai le chef de la grande hune avec un Malgache pour la ferler. Nous courions tribord amures, sous les deux huniers deux ris dedans, les basses voiles (car on avait largué le

ris de la grand'voile, du quart du lieutenant) et
le petit foc. Le navïre avait beaucoup de dérive, et
nous fatiguions fort par la violence des coups de tan-
gage.

Le temps était très-noir, et, comme il tombait par-
fois quelques gouttes d'eau et que cela pouvait avertir
de l'arrivée d'un grain, je disposai quatre hommes à
la cargue-point de la grand'voile sous le vent, et un
homme à l'écoute. La bordée de quart était très-faible :
elle se composait de quinze hommes, mais il y avait
deux exempts de service (le coq et un malade), deux
à la barre, deux à la brigantine et un en vigie, plus
un Malgache en faction au fanal; il me restait donc
sept hommes dont trois blancs.

Les précautions relativement à la grand'voile étaient
prises depuis quelque temps, lorsque je sentis quel-
ques gouttes d'eau tomber et la brise fraîchir. J'or-
donnai de carguer le point sous le vent : cette besogne
se faisait lentement et je poussais les hommes. Pen-
dant que nous y étions occupés, le grain tomba à bord
si rapidement et avec tant de force que, quoique je
fisse mettre la barre au vent et amener le grand hu-
nier en faisant le commandement pour le petit, l'in-
clinaison devint dangereuse, et l'eau, passant par-des-
sus les bastingages, entra par les sabords. Ne voyant
pas le navire arriver, je demandai au timonier si la
barre était au vent; il me dit que oui et que le navire
n'obéissait pas. Je sautai au grand panneau et j'appe-
lai tout le monde sur le pont pour me débarrasser du
grand hunier et de la grand'voile; mais, en jetant un

regard autour de moi, je m'aperçus qu'il était trop tard, et j'ordonnai de larguer les écoutes des huniers. Malheureusement cet ordre ne fut pas exécuté et l'eau commença à gagner les panneaux.

Le timonier appela le capitaine et n'eut pas de réponse. Voyant le navire chaviré, je me dirigeai vers l'arrière et j'aidai M. Maureau et M. Burger à monter sur le flanc du bâtiment. J'appelai le capitaine et n'eus pas de réponse. Le patron de la yole s'occupait à en couper les garants, lorsqu'il la sentit s'affaisser sous lui et disparaître. A peine étions-nous arrivés, Burger, Maureau et moi, sur le flanc du navire, qu'il s'engloutit et tout disparut!...

Comme je savais nager, je me tins sur l'eau, appelant le capitaine. J'étais désespéré de n'avoir pas de réponse. Je me disposais à m'éloigner, lorsque tout à coup quelqu'un me saisit par les deux pieds et nous coulâmes tous deux. Je faisais des efforts pour revenir sur l'eau ; vain espoir ; le malheureux, que je reconnus pour un Malgache, m'étreignait de toutes ses forces et m'entraînait avec lui. Je remontai trois fois sur l'eau et trois fois nous coulâmes. Enfin, après bien des efforts, je parvins à me dégager et à revenir sur l'eau. Je commençai à me débarrasser de mes effets, et je me dirigeai vers un point noir qui n'était pas loin de moi. C'était une barrique vide ; je la saisis avec empressement et repris un peu de force. Le jour commençait à se faire et j'eus connaissance de M. Maureau. Je lui demandai de suite s'il avait quelque chose pour se tenir sur l'eau ; il

me dit qu'il avait la moitié d'une vergue de perro-
quet qui s'était détachée de la drome. Nous fîmes
route ensemble.

Peu de temps après, un troisième, Lavaquaire, se
joignit à nous, ayant un chantier de chaloupe, et au

Naufrage du *Colibri* (1843).

jour nous eûmes le bonheur de sauver un de nos com-
pagnons, Cuviller, qui était près de nous et se noyait.
Nous ramassâmes aussi un des mâts du canot major.
Après avoir lié notre drome avec les débris de la che-
mise de M. Maureau, nous fîmes route tous quatre
vers la grande terre dont nous étions éloignés de qua-
tre lieues environ, et où la mer, les vents et les cou-

rants nous portaient. Plus tard, nous aperçûmes sept de nos compagnons qui se tenaient accrochés sur une barrique vide ; mais comme ils ne faisaient aucun mouvement et que nous nagions pour aller à terre, nous les perdîmes de vue en peu de temps.

Les grains étaient moins fréquents, mais très-forts, et la pluie, qui était excessivement froide et tombait par torrents, nous faisait grelotter. Nous eûmes connaissance d'une plage de sable qui était devant nous et de laquelle nous paraissions approcher assez rapidement. Nos forces diminuaient insensiblement et nous étions très-fatigués. A quatre heures du soir, après nous être reposés un moment, nous trouvant près des récifs, nous nous décidâmes à nous séparer en prenant chacun un des morceaux qui composaient la drome. Je pris le mât du canot major et je me dirigeai vers la terre. Je manque d'expressions pour décrire toutes les souffrances éprouvées dans ce trajet. Entièrement couvert par chaque lame qui venait se briser avec force sur ma tête en me faisant perdre mon mât, que je regardais comme ma seule planche de salut, je nageais avec force pour le rattraper. A peine l'avais-je saisi que je restai à sec sur les coraux, qui me déchiraient la poitrine et les bras. Haletant et presque sans force, j'essayai plusieurs fois de me lever ; la douleur occasionnée par le corail qui m'entrait dans les pieds m'empêchait de me tenir debout et me forçait d'attendre une autre lame qui me traînait sur le fond et me faisait éprouver des douleurs atroces. Enfin, après deux heures de souffrances inexprimables, je parvins à gagner la côte. Tout saignant et à demi mort, je fis deux ou trois pas et je tombai, ne pouvant aller plus loin.

J'étais dans cette position, lorsque je sentis l'eau me gagner; la mer montait et voulait ressaisir sa proie. L'état de faiblesse où j'étais ne me laissait qu'un faible espoir, et la nuit venait. Je tentai un dernier effort, et, en rampant sur les mains et sur les genoux, je parvins à monter assez haut pour que la mer ne pût m'atteindre. Je restai dans cette position assez long-temps, et ce n'est qu'en voyant un de nos matelots, Lavaquaire, sortir de l'herbe près de moi, que je réus-sis à me lever. Je pris un bâton, et nous allâmes ensemble jusqu'à une petite aiguade qui était à cinquante pas. Après nous y être baignés, nous passâmes la nuit sous un arbre, grelottant de froid, car la pluie tombait toujours.

Le lendemain matin, nous sentant un peu de force, nous fîmes route pour Marounsanga, à une lieue de l'endroit où nous avions atterri. Nous rencontrâmes un de nos compagnons, Cuviller, qui était avec nous sur la drome et avait eu le bonheur de se sauver. Vous exprimer la joie que j'en ressentis m'est impossible : je lui mis quelques feuilles d'arbre sur la tête, et tous trois nous continuâmes notre route. Un soldat hôva, qui nous vit si malheureux, eut la bonté de nous conduire chez M. Renous, Portugais, résidant depuis longtemps chez les Hôvas. Nous y fûmes très-bien re-çus; il y avait déjà chez lui quatre de nos matelots arrivés la veille au soir. Le dernier de nous qui laissa M. Maureau, après nous être séparés de la drome, fut

Cuviller, auquel il dit de ne pas l'attendre davantage pour se rendre à terre et qu'il était très-fatigué ; ce furent ses dernières paroles. Le 28 au matin, on vint nous dire, chez M. Renous, que le corps d'un homme blanc était sur le sable. Après avoir pris un drap et de quoi faire une fosse, nous fûmes tous sept pour reconnaître qui c'était et lui rendre les derniers devoirs. Nous reconnûmes M. Maureau, qui n'était pas défiguré et ne paraissait pas avoir été noyé, car il se trouvait éloigné de l'endroit le plus haut où la mer pouvait atteindre. Il était baigné dans son sang, qui lui sortait par le nez, la bouche et les oreilles, et il n'avait ni coupure, ni contusion apparente sur le corps. Il est à supposer que c'est dans le trajet des brisants à terre, où nous avons tant souffert, que M. Maureau a reçu quelque coup, probablement par le choc trop violent des lames qui venaient se briser sur nous et que nous ne pouvions éviter. Une d'entre elles, sans doute, l'aura jeté sur le fond avec tant de force qu'il se sera évanoui et n'aura pu gagner la terre que tard dans la nuit, et là il sera mort faute de secours. Ce qui me le fait supposer, c'est le rapport de deux soldats hôvas qui, étant en faction à peu près à cent pas de l'endroit où nous avons trouvé le corps, disaient avoir entendu des cris pendant la nuit. M. Maureau fut enseveli ; une croix faite par Thibaut, et sur laquelle j'ai gravé son nom, lui sert de pierre tumulaire.

Le nommé Marc, quittant le navire après sa disparition, eut le hasard de rencontrer Thibaut et deux autres, auxquels il se joignit. Ils avaient une planche

pour se soutenir, et ils firent route immédiatement
pour la grande terre, où ils accostèrent vers les quatre
heures, sans avoir de blessures graves, mais très-fai-
bles. Ils firent route pour Mourounsanga, où ils arri-
vèrent à six heures du soir ; ils furent parfaitement
reçus chez M. Renous, où nous les trouvâmes le len-
main au soir.

Je ne puis pas terminer ce rapport, monsieur le
commandant, sans vous mentionner la réception qui
nous a été faite à Mourounsanga. M. Renous nous a
accueillis et traités d'une manière qui mérite toute
notre reconnaissance. Très-pauvre et très-malheureux
lui-même, il nous a nourris, hébergés, nous a prêté
des effets et fourni le drap qui a servi à ensevelir
M. Maureau.

Le chef de la douane, jeune Hôva, s'est montré
également bienveillant : il m'a donné à moi person-
nellement un vêtement complet et a fait tous ses
efforts pour nous être utiles. C'est à lui que nous de-
vons la pirogue qui a porté à Nossi-Bé la nouvelle de
notre désastre.

Enfin, le gouverneur hôva, sans avoir montré beau-
coup d'intérêt pour nous, nous a cependant fait don-
ner un peu de riz et un bœuf.

Je suis, etc.

Auguste Anquez.

XVII

Le dimanche 19 septembre 1845, à sept heures et demie du soir, un événement affreux et sans exemple a ému vivement la population de Brest, et plongé un grand nombre de familles dans le désespoir.

La goëlette de l'État *la Doris*, après une longue et laborieuse station dans les mers des Antilles, ralliait le port de Brest pour y être réparée, sous le commandement d'un jeune officier de marine très-distingué, M. Jules Lemoine, lieutenant de vaisseau.

La traversée avait été pénible, mais la vue de cette terre de France, si ardemment souhaitée, avait bientôt rappelé la confiance et la joie dans le cœur de l'équipage, épuisé par une longue navigation et par les périls auxquels il avait échappé à la hauteur des Açores, où, durant plusieurs jours, il avait été assailli par de violentes tempêtes. Tout cela n'était plus qu'un songe : quelques minutes encore et *la Doris* mouillait sur rade ! En effet, la goëlette avait déjà franchi toutes les passes du Goulet ; elle courait grand largue, refoulant avec peine, sous toutes voiles, un très-fort jusant; sa voile de fortune venait d'être carguée : on se disposait à laisser tomber l'ancre, quand tout à coup survint une irrésistible bourrasque d'ouest-sud-ouest, accompagné d'un grain violent. Pris en travers par la rafale, le navire céda à la force du vent, et, se couchant sur bâbord, ouvrit un large passage aux lames par les panneaux : quelques secondes après, on ne pouvait apercevoir de *la Doris* que l'extrémité de ses mâts : elle avait sombré par l'arrière.

M. Bénet, enseigne de vaisseau, officier de service à bord du stationnaire, ayant vu s'éteindre subitement les feux de conserve de la goëlette, dont il suivait tous les mouvements, et pressentant quelque malheur, fit tirer le canon d'alarme, mettre toutes les embarcations du *Robuste* à la mer, et se dirigea lui même en toute hâte dans le canot major, vers le point qu'occupait *la Doris*, et d'où partaient des cris de détresse qui parvinrent bientôt à ses oreilles. Là en effet, se passait une scène impossible à décrire. On voyait cramponnés convulsivement à la mâture du navire, à des pièces de bois flottantes, ou nageant en tous sens, une masse d'hommes qui luttaient avec le courage du désespoir contre les vagues qui menaçaient de les engloutir.

Sur soixante-sept personnes qui se trouvaient à bord de *la Doris*, M. Bénet, dont le courageux dévouement

et les mesures promptes et intelligentes sont justement
appréciés, a eu le bonheur d'en sauver trente-deux
d'une mort certaine... Le reste, moins quatre hommes, qui, après des efforts inouïs, ont réussi à atteindre le rivage, a dû périr soit à bord, soit en essayant
de gagner la terre à la nage.

Au nombre des victimes de cet affreux événement,
on cite le jeune commandant, M. Jules Lemoine, et
M. Papin, chirurgien-major, qui, tous deux, ont succombé en secourant leurs compagnons d'infortune.
M. Lemoine avait déjà arraché aux flots trois marins,
et M. Papin quatre. Le troisième officier, dont la
perte n'est que trop certaine, est M. Giraud, enseigne
auxiliaire.

La Doris était partie de Fort-Royal le 28 juillet,
de la Basse-Terre le 30 du même mois, et de Saint-Thomas le 3 août; elle était montée par cinquante-huit hommes d'équipage; et ramenait en France neuf
passagers.

Nous voudrions, en terminant cette triste narration,
citer tous les actes de dévouement qui ont été accomplis dans cette nuit terrible; nous désirerions connaître les deux braves ouvriers qui se sont spontanément jetés à la mer, et qui, pendant deux heures,
se sont exposés aux plus grands dangers pour secourir
les naufragés; nous les signalerons à l'estime et à la
reconnaissance publiques, comme nous sommes heureux d'appeler l'attention sur la conduite admirable
de dévouement et d'abnégation tenue par l'équipage
du stationnaire.

Naufrage de *la Doris* (19 septembre 1845).

12

A onze heures du soir, une embarcation de la corvette de guerre *l'Allier* mise à la recherche des naufragés de la goëlette, s'étant avancée jusqu'à l'entrée du Goulet, a eu le bonheur de sauver quatre hommes qui, depuis plusieurs heures, étaient sur la coque de leur canot, chaviré pendant une forte rafale. Sans le funeste événement de *la Doris*, il est probable que ces quatre malheureux pêcheurs seraient sortis de la rade sans avoir été secourus, et auraient trouvé, dans les rapides courants du Goulet, une mort inévitable.

L'événement est affreux pour la famille Lemoine. Le père, ancien capitaine de vaisseau, attendait son fils et pouvait voir le naufrage, étant sur la promenade publique qui domine la rade. L'officier commandant qui vient de périr au port, après quatre ans d'absence, est, à tous égards, digne de regrets ; il laisse une jeune femme et un enfant[1].

---

[1] *Annales maritimes et coloniales.*

XVIII

Parti de Cadix le 5 décembre 1845, à deux heures
de l'après-midi, la corvette à vapeur *le Papin*, desti-
née pour le Sénégal, avait fait route jusqu'au moment
de son échouage au sud-ouest-quart-ouest. La mer
avait été belle pendant les journées des 5 et 6, et ce
n'est que dans la nuit suivante que le vent, passant à
l'ouest, fut d'une force et d'une violence extrêmes. Le
samedi 6, onze heures et demie du soir, le navire fit
côte au nord de Mazagan, sur une côte de sable, à
deux ou trois encâblures au plus de terre.

Le commandement de machine en arrière ne put
être exécuté, les aubes étant déjà ensablées ; cependant
le navire résista pendant trois heures aux violentes
secousses que lui imprimait une mer excessivement
grosse.

A quatre heures du matin, le 7, le navire était
plein d'eau, son pont balayé par la mer.

A cinq heures, la cheminée tombait et écrasait plusieurs personnes dans sa chute.

A cinq heures et demie, M. Marcy-Monge, consul de France à Mogador, qui se trouvait à l'extrémité arrière du navire, fut lancé par une lame dans la cale et y périt. M. Dieul, lieutenant de vaisseau second, éprouvait, quelques instants après, le même sort.

Plusieurs personnes s'élancèrent dans la mer pour saisir les débris des embarcations dont le navire était entouré, ou tenter de se sauver à la nage. La plupart périrent. Ce ne fut qu'après des efforts désespérés que quelques-unes parvinrent à Azimour, village situé à trois milles au nord du lieu où *le Papin* avait fait côte. Celles-ci trouvèrent sur la plage des Marocains qui vinrent avec empressement à leur aide. L'un d'eux donna son burnous à M. Du Bourdieu, commissaire ordonnateur à Gorée, passager sur *le Papin*, et, des chameaux chargés de broussailles étant arrivés là, les Arabes allumèrent, avec des marques de sympathie, un grand feu pour réchauffer les naufragés.

A onze heures du matin, les personnes qui avaient réussi à se sauver à terre n'étaient qu'au nombre de trente. Le grand mât du navire, qui jusque-là avait résisté, bien que *le Papin* fût coupé en deux, à l'arrière des tambours, s'abattit en écrasant dans sa chute une trentaine de personnes.

Inspirés par un généreux dévouement, les sieurs Douemard, second maître canonnier ; Mirabeau, second maître de manœuvre ; Desforges et Natalani, matelots, et Royot, voltigeur au 5ᵉ régiment de marine,

tous déjà parvenus à terre, armèrent la baleinière jetée
à la côte, pour tenter de sauver les personnes encore
vivantes sur le navire. Ils franchirent avec cette em-
barcation les deux premiers brisants; mais, au troi-
sième, ils furent chavirés et jetés à la côte, où ils re-
vinrent heureusement.

Naufrage du *Papin* (7 décembre 1845).

Cependant M. Redman, agent consulaire d'Angle-
terre à Mazagan et le nôtre, parti le matin même pour
Rabat, avait appris qu'un navire français s'était jeté à
la côte. Il rebroussa aussitôt chemin et arriva sur le
lieu du sinistre.

Après avoir pourvu, avec la plus active sollicitude,

aux premiers besoins des naufragés réunis à terre,
M. Redman usa de son influence pour engager les
Arabes à se rendre à bord et à amener les malheureux
qui s'y trouvaient. Les Arabes ont montré, dans cette
déplorable circonstance, autant de courage que
d'humanité. En moins de deux heures, ils ont ramené
quarante-quatre personnes à terre, les portant sur
leurs épaules, et nageant par une tempête encore af-
freuse.

Après s'être assuré, par trois envoyés différents,
qu'il n'y avait plus une seule personne vivante à bord
du *Papin*, et après avoir fait donner la sépulture à
huit corps arrivés à terre, M. Redman conduisit tous
les naufragés à Mazagan, où les soins les plus empres-
sés, les plus attentifs, leur furent prodigués, tant par
lui que par ses trois frères.

Les lettres reçues aujourd'hui de Mazagan ne taris-
sent pas sur les éloges que mérite l'admirable conduite
de M. Redman. Quarante-quatre personnes restées sur
le navire lui doivent certainement la vie, et celles
même qui étaient parvenues à terre lui ont dû égale-
ment leur salut dans l'état de souffrance et de dénû-
ment où il les a trouvées.

M. Marcy-Monge. consul à Mogador, M. Fleuriot de
Langle, commandant du navire, tout l'état-major, à
l'exception de M. de Saint-Pierre, volontaire, ont péri
avec à peu près la moitié de l'équipage [1].

_____

[1] *Annales maritimes et coloniales.*

XIX

NAUFRAGE DU VAISSEAU LE HENRI IV ET DE LA CORVETTE
VAPEUR LE PLUTON, A EUPATORIA

RAPPORT DU COMMANDANT JEHENNE

Dans la nuit du 13 au 14 novembre 1854, les
signes précurseurs d'une tempête vinrent éveiller les
justes appréhensions des amiraux commandant les
escadres alliées devant Sébastopol. Dès le 14 au matin,
une effroyable tourmente du sud-ouest vint assaillir
ces escadres, et, soulevant une mer monstrueuse, leur
fit courir les plus grands périls. Le vent, qui parfois
mollissait, reprenait bientôt avec plus de rage, au
milieu de grains de grêle et de neige. A travers les
éclaircies on ne découvrait que des sinistres, soit sur
la rade de la Katcha ouverte à cet ouragan, soit dans
les ports de Kamiesh et de Balaklava. Un grand nom-
bre de navires, surtout des transports ou des bâti-
ments de commerce, furent jetés à la côte ou s'englou-

tirent corps et ·biens après s'être abordés et entr'ouverts. Presque tous les vaisseaux de combat subirent de graves avaries, rompirent leurs chaînes, brisèrent leurs gouvernails, et ne furent sauvés d'une catastrophe imminente que par la fin des furieuses bourrasques contre lesquelles ils avaient à lutter pendant vingt-quatre heures. En pleine mer, des bâtiments sombrèrent, ou, désemparés par la tempête, n'échappèrent au naufrage que par des efforts inouïs. La frégate à vapeur, *le Sané*, sur laquelle nous transportions à Constantinople des blessés et des prisonniers russes, fut si violemment battue par la mer, qu'un canon de 30, amarré sur le gaillard d'avant, fut, dans un coup de roulis, emporté par-dessus le bord, avec affûts, pitons et palans, effleurant à peine la muraille du navire.

A Eupatoria, dont la rade présentait un spectacle effrayant, quinze transports, tant français qu'anglais, furent jetés à la côte, où, comme à la Katcha, rôdaient des bandes de cosaques avides de saisir la proie que leur offrait l'ouragan. Nous perdîmes sur cette rade deux des bâtiments de notre escadre, *le Henri IV* et *le Pluton*, malgré l'énergie et l'habileté de leurs capitaines, secondés par de vaillants équipages. Nous reproduisons le rapport adressé au vice-amiral Hamelin, commandant en chef l'escadre de la Méditerranée, par le commandant du *Henri IV*.

« Baie d'Eupatoria, ce 14 novembre 1854.

« Amiral,

« J'ai la douleur de vous annoncer que mon vais-
seau est à la côte depuis hier au soir à vingt milles
au sud d'Eupatoria, et que je n'ai aucun espoir de l'en
retirer dans la saison où nous sommes.

« Ce triste événement est dû à la rupture successive
de mes quatre ancres pendant la tempête que nous
venons d'essuyer, et qui, bien que moins violente,
dure encore au moment où j'écris.

« Toutes les précautions que conseillait la prudence
avaient été prises. La touée de l'ancre de bâbord, qui
était celle qui travaillait avec les vents du large, était
de cent vingt brasses sur un fond de huit brasses, et
je m'étais affourché nord et sud dès mon arrivée. De
plus, chaque fois qu'il ventait un peu frais, je laissais
tomber l'ancre de veille de tribord qui était ma meil-
leure. Je n'avais pas manqué de le faire, hier, lorsque
je vis la mauvaise apparence du temps. Je fis ensuite
caler les mâts de hune, amener les basses vergues sur
le porte-lof, et mouiller une seconde ancre de veille,
ce qui m'en faisait quatre dehors, c'est-à-dire tout ce
que je possédais, puisque j'en avais perdu une à
Baltchick par suite de rupture de chaîne en dérapant,
et qu'une autre avait été cassée par un boulet dans le
combat du 17 octobre.

« Je devais, amiral, me croire en sécurité avec qua-
tre fortes ancres dehors, lorsque, dans une très-forte

rafale, avec saute de vent, la chaîne de tribord cassa
net au portage de la bitte. A onze heures, celle de bà-
bord, qui avait souvent filé, chaînon par chaînon,
malgré les stoppeurs et les coins, et qui était arrivée
à aù moins cent cinquante brasses, en fit autant.
Nous vînmes alors à l'appel de l'ancre de veille de tri-
bord dont le levier de stoppeur se brisa; mais la
chaîne ayant fait une coque à l'écubier du puits, elle
tint bon au septième maillon (cent vingt-six brasses)
jusqu'à cinq heures dix minutes du soir, instant où
elle cassa dans un violent coup de tangage. Celle de
bàbord travaillant alors seule ne résista pas une mi-
nute, et ce fut avec terreur que j'entendis la double
secousse qui m'apprenait que tout espoir de résister
à la tempête était perdu, et qu'il fallait se résigner à
aller à la côte, comme l'avaient déjà fait sous mes yeux,
dans cette fatale journée, douze ou quinze autres bà-
timents, au nombre desquels se trouve la corvette
le Pluton, arrivée depuis quatre jours seulement, et
un vaisseau turc portant pavillon de contre-amiral,
qui ont, sans doute aussi, cassé toutes leurs chaînes.

« Certain de n'être plus tenu par rien, je fis hisser
le petit foc pour faciliter l'abatage du vaisseau sur
tribord, et éviter les navires mouillés à terre de moi;
puis, après les avoir parés, je fis border l'artimon
afin d'aller m'échouer le moins loin possible de la
ville, et de pouvoir communiquer avec elle par la
langue de sable qui nous sépare du lac Salé, sans être
inquiété par les cosaques, qui ne manqueraient pas de
venir rôder autour de nous.

« La nuit était très-obscure quand nous commen-
çâmes à toucher. Je fis en sorte d'échouer l'avant à
terre perpendiculairement à la côte ; mais d'énormes
brisants, prenant le vaisseau par la hanche de bâbord.
le portèrent petit à petit pendant toute la nuit, et
même aujourd'hui dans la matinée, dans une direc-
tion presque parallèle au rivage, et le sable mouvant
remplissant à l'arrière la souille à mesure que la ca-
rène se déplaçait dans son agitation continue, il en est
résulté, chose incroyable, que nous sommes déjaugés
de quatre mètres et demi à l'arrière et de quatre mè-
tres à l'avant, et que notre distance du rivage n'est
que de soixante mètres au plus.

« La situation du *Henri IV*, au moment où j'ai
l'honneur de vous écrire, est celle-ci : incliné un peu
sur tribord, presque parallèlement à la côte, le cap
au nord-nord-est, la sonde indiquant 5^m,35 à l'ar-
rière, 2^m,30 à l'avant, 4 mètres par le travers à ba-
bord et 3^m,20 par le travers à tribord. Il a fait sa
souille, et il n'éprouve plus les secousses qui l'ont
tourmenté pendant dix-huit heures. Le vaisseau n'est
pas défoncé, puisque les pompes ordinaires suffisent
pour étancher l'eau de la cale, et qu'elles ne fonction-
nent pas toujours.

« Le gouvernail est démonté et je crois ses ferrures
brisées, de même que celles de l'étambot.

« Le vaisseau n'a plus d'autres ancres que celles à
jet. Deux des bouts de chaînes restés à bord sont en-
gagés sous la quille. La chaloupe est à la côte ; je la
suppose réparable. Le grand canot, le canot-major et

ma baleinière sont entièrement hors de service. Les deux canots moyens ont été aussi jetés à la côte à Eupatoria, où ils étaient occupés, le 14 au matin, pour l'embarquement des bœufs; mais ils peuvent être et seront réparés. Quant aux chalands, ils sont coulés et probablement en pièces. La mâture est intacte. J'ai fait déverguer les voiles, envoyer en bas les vergues et manœuvres courantes. Je ferai dépasser les mâts de hune dès que je le pourrai.

« J'ai pu, au moyen du youyou, établir un va-et-vient avec la terre; mais la mer est encore trop grosse pour entreprendre le sauvetage des cent dix malades que je compte à bord. Je me suis contenté de faire passer au commandant supérieur d'Eupatoria des munitions pour obusiers de montagnes, en remplacement de celles qu'il avait consommées avec succès la veille sur la cavalerie russe.

« Nos batteries sont restées chargées, et j'ai eu l'occasion ce matin de faire usage de nos caronades pour faire rebrousser chemin à une cinquantaine de cosaques qui s'avançaient au grand galop pour s'emparer des hommes de mon youyou restés à terre et qui ne pouvaient réussir à remettre à flot cette petite embarcation.

« Voilà, amiral, la situation actuelle du *Henri IV*, de ce beau vaisseau dont j'étais si fier... elle est bien triste, et je ne vous parlerai pas de la douleur que j'en éprouve; vous êtes fait pour la comprendre et pour me plaindre.

« J'espère que ma santé se soutiendra assez pour

me permettre d'achever jusqu'au bout les devoirs que
j'ai à remplir envers l'État et envers mon équipage ;
quant à mon courage, il ne faillira pas.

« Je n'ai pas encore pu communiquer directement
avec le commandant du *Pluton*, mais il est venu sur
la plage vis-à-vis de mon vaisseau, et m'a fait dire par
un de ses matelots que son bâtiment étant défoncé et
son entre-pont envahi par la mer, il l'avait évacué ce
matin sans perdre un seul homme. M. Fisquet est à
Eupatoria avec tout son équipage, qui a pu aussi sau-
ver ses effets. Le rapport de cet officier supérieur vous
fera connaître en détail les circonstances de son mal-
heur, qui ne fait qu'ajouter au mien.

« J'ai signalé au *Lavoisier*, qui, lui aussi, a cassé
une de ses chaînes et n'a tenu sur l'autre qu'au moyen
de sa machine, de faire route pour vous faire connaî-
tre notre fâcheuse situation dès que le temps le lui
permettrait.

« Je n'évacuerai pas mon vaisseau tant qu'il en
restera un morceau pour me porter et y faire flotter
les couleurs nationales. J'attends les secours qu'il vous
sera possible de m'envoyer, amiral, afin de sauver, en
fait de vivres et de matériel d'armement, tout ce que
je pourrai. Ne pouvant déposer ces objets sur une terre
ennemie, il me faut des bâtiments pour les recevoir
et les porter aux autres vaisseaux de l'escadre.

« Mon équipage, affaibli considérablement par les
détachements que j'ai fournis tant pour le siége de
Sébastopol que pour la garnison d'Eupatoria, se trouve
réduit à un petit nombre de matelots valides, d'où il

Naufrage du *Henri IV* (15 novembre 1854)

résulte que les moindres travaux sont pour nous très-difficiles, et que ceux qui demandent beaucoup de force sont impossibles. Du reste, amiral, je suis heureux de le dire, mon équipage est admirable de zèle et de discipline, chaque homme tâche de doubler sa force et vole à mon moindre commandement. Quant à mes officiers, ils me secondent en tout avec cette parfaite entente du service, ce courage et ce dévouement de cœur dont je vous ai souvent entretenu dans d'autres circonstances et qui ne pouvaient faillir dans celle-ci. Tout le monde a fait et fera son devoir jusqu'à la fin avec la plus entière abnégation, vous pouvez y compter, amiral; et si la marine perd un de ses beaux vaisseaux, on ne peut s'en prendre qu'à la tempête, qui a été plus forte que nous, et nous a jetés à la côte malgré tous les moyens employés pour lui résister.

« Dans ma dernière lettre, qui n'a que quelques jours de date, il semble que je pressentais le malheur qui allait me frapper, lorsque je vous disais que « je « me considérais comme en perdition sur la rade « d'Eupatoria, lorsque viendrait un fort coup de vent « du sud-ouest; » ma crainte n'a pas tardé à se réaliser.

« J'aurai l'honneur de vous faire connaître plus tard les noms des personnes qui se sont plus particulièrement distinguées dans notre naufrage, et d'appeler sur elles la bienveillance du gouvernement. Je me borne pour le moment à citer M. d'André, enseigne de vaisseau, et le quartier-maître de manœuvre Gour-

nay (Joseph), qui ont fait le premier voyage à terre
avec une faible embarcation que les brisants couvraient
à chaque instant, pour aller établir le va-et-vient qui
devait servir au salut de tous si le vaisseau s'était ou-
vert.

« Je suis, etc,

« Le commandant du *Henri IV*,

« JEHENNE. »

Nous rapporterons encore un épisode de ce double
naufrage. Un corps de six mille cavaliers russes avait
essayé, à la faveur de la tempête, d'attaquer Eupa-
toria, d'où il fut repoussé par les bonnes dispositions
que prit, avec une faible garnison, le chef d'escadron
Osmont, à qui la garde de la place avait été confiée.

Le commandant Fisquet du *Pluton* rend ainsi
compte, dans son rapport à l'amiral Hamelin, des dis-
positions qu'il crut devoir prendre pendant cette at-
taque :

« …. A midi et demi, nous avions commencé à ta-
lonner ; peu après, le gouvernail a été démonté. Les
ébranlements du navire sont devenus terribles. Chaque
lame nous couchait, tantôt sur tribord, tantôt sur
bâbord. J'ai essayé de tenter l'abatage sur bâbord en
béquillant avec la vergue du grand hunier. Cette ver-
gue dans le sable mouvant n'a produit aucun effet.
Le bâtiment s'est couché du côté du large pour ne
plus se relever.

« Dans ce moment, une vive canonnade s'est fait entendre. La ville était attaquée par six mille Russes et seize pièces de canon. Des escadrons de cosaques s'avançaient à l'est du côté que nous devions appuyer avec notre artillerie. *Le Pluton* pouvait rendre encore un dernier service. Nous avons fait branle-bas de combat, chargé les petites armes et dirigé deux pièces du côté de l'ennemi. Nous étions prêts à commencer le feu dès que les cosaques arriveraient à portée. Ils ont trouvé les défenses de la ville trop bien prises et se sont retirés. »

XX

NAUFRAGE DE LA SÉMILLANTE

RAPPORT DU COMMANDANT DE L'AVERNE

La frégate *la Sémillante*, commandée par le capitaine de frégate Jugan, partit, le 14 février 1855 au matin, de la rade de Toulon, avec 393 soldats et un matériel considérable qu'on était très-pressé de recevoir en Crimée. Il régnait alors une brise modérée de nord-ouest; mais, pour les marins qui se laissent avertir par le baromètre, le temps était très-menaçant, le niveau du mercure étant descendu à 730 millimètres. Lorsque la terrible nouvelle que ce bâtiment avait péri corps et biens arriva, nous nous rappelâmes cette indication et nous déplorâmes un ordre de départ dans lequel avait évidemment dominé la considération des besoins de la guerre.

Le commandant était un marin d'une excellente réputation d'habileté et d'énergie. Il a dû marcher quelque temps avant de voir éclater la tempête dans toute sa force. Le plus souvent, au milieu des circonstances citées, le vent d'ouest se transforme graduellement en sud-ouest extrêmement violent quand on approche des côtes de la Sardaigne. La résolution de passer par les bouches de Bonifacio, pour ne pas se laisser affaler sur la côte, a dû être d'autant mieux prise par le commandant qu'il connaissait parfaitement ces parages, pour y avoir fait précédemment une assez longue station. Mais cette manœuvre devient très-difficile quand les courants sont renforcés par les vents de sud-ouest, et quand les épaisses vapeurs que ces vents charrient masquent la vue des terres.

On ne connut le naufrage que par la rencontre de quelques débris, d'un chapeau de marin et d'objets d'équipement militaire, autour de l'îlot de Lavezzi, situé à l'entrée ouest des bouches. Des pêcheurs signalèrent ces objets. Les recherches furent continuées par les soins de l'autorité maritime, de la douane et du commandant de place de Bonifacio : elles furent malheureusement tout à fait confirmatives, et motivèrent l'envoi sur les lieux de l'aviso à vapeur *l'Averne* pour recueillir, sinon des naufragés qui auraient pu se réfugier sur d'autres îles, du moins les dépouilles des victimes et quelques renseignements sur cette horrible catastrophe. M. le lieutenant de vaisseau Bourbeau, qui reçut cette mission, en rendit compte au préfet maritime de Toulon dans trois rapports que nous allons reproduire :

« Bonifacio, 2 mars.

« Amiral,

« *L'Averne*, parti de Livourne le 28 février, a touché, le 1ᵉʳ mars au matin, à Porto Vecchio, pour y prendre des renseignements, et est arrivé le même jour, vers midi, à l'îlot de Lavezzi, sur lequel, le fait est malheureusement trop certain aujourd'hui, s'est perdue la frégate *la Sémillante*.

« Le spectacle que présente cette côte est navrant et donne une terrible idée de la furie de l'ouragan qui a pu briser en morceaux aussi menus un bâtiment de cette force, porter à des hauteurs considérables quelques tronçons de ses mâts, et prendre des quartiers du navire pour les éparpiller à plusieurs encâblures de distance, en les faisant passer par-dessus des pointes de rochers élevés de plusieurs mètres au-dessus du niveau de la mer.

« J'ai d'abord visité en embarcation les différentes criques où se trouvent les principaux débris ; puis, dirigé par le patron de la balancelle *l'Aigle*, que j'ai trouvé sur les lieux, j'ai fait par terre le tour de l'île.

« Il faut, je le crains, amiral, perdre tout espoir de retrouver jamais quelques-uns des malheureux qui étaient à bord, et même de connaître exactement le moment du sinistre et les circonstances qui l'ont occasionné.

« Dans la journée du 15 février, un ouragan de la partie de l'ouest-sud-ouest, comme les vieux marins

du pays ne se souviennent pas d'en avoir jamais vu, a
éclaté dans les bouches de Bonifacio, et a duré de
cinq heures du matin jusqu'à minuit, presque con-
stamment avec la même violence.

« Dans la ville, la plupart des toits des maisons ont
été emportés, une maison s'est écroulée, une per-
sonne a été tuée et deux autres blessées sous les dé-
combres.

« Un douanier de service sur le quai a été jeté à la
mer par la violence du vent, et, pour le secourir, le
second maître de manœuvre Aimo, patron de la balan-
celle *l'Aigle*, a dû se coucher à plat ventre pour lui
tendre la main sans être entraîné lui-même.

« Vous aurez une idée exacte de cette tourmente,
amiral, lorsque vous saurez que l'embrun passait par-
déssus la falaise élevée sur laquelle est bâtie la ville de
Bonifacio et venait se déverser dans le port.

« Je n'exagère rien, amiral.

« M. Piras, âgé de soixante-quinze ans, maire de
Bonifacio, ancien capitaine au long cours, qui a long-
temps navigué dans ces parages, et dont l'opinion a
beaucoup d'autorité, m'a affirmé qu'aucune frégate au
monde n'eût pu présenter le travers (pour mettre en
cape) à pareille tempête.

« C'est dans ces fatales circonstances que *la Sémil-
lante* a dû donner dans les bouches de Bonifacio.

« Est-ce de jour? est-ce de nuit? C'est ce que per-
sonne n'a encore pu savoir, et ce que personne ne saura
jamais sans doute.

« Poussée par cette tempête d'ouest-sud-ouest, la

frégate a dû toucher d'abord sur la pointe sud-ouest de l'île Lavezzi : c'est là, en effet, que l'on trouve d'abord quelques tronçons de ses mâts et de ses vergues brisés, encore à flot et retenus dans cette position par un enchevêtrement de cordages fixés au fond.

« Au milieu des tronçons se trouve aussi un morceau de la coque de la frégate, qui paraît provenir de la partie comprise entre les porte-haubans de misaine et la flottaison ; il y a là un hublot.

« Puis toute la partie sud de l'île est jonchée de menus débris et de morceaux de la coque qui n'ont presque plus aucune valeur. Quatre mortiers seuls paraissent par un fond d'environ 4 mètres : on pourra les sauver.

« Le 1ᵉʳ mars, on a encore retrouvé une voile d'embarcation sur laquelle on voit écrit : *Sémillante*, yole n° 1.

« Jusqu'à ce jour on n'a retrouvé que trois corps qui ont paru être ceux d'un matelot, d'un soldat et d'un caporal ; ils ont été enterrés sur l'île.

« Après avoir reconnu cet état de choses, j'ai laissé sur les lieux M. Farines, enseigne de vaisseau, avec les deux balancelles, le grand canot, une baleinière et un youyou, des apparaux, tous les outils de charpentier et 35 hommes, pour opérer le sauvetage et faire toutes les recherches qui peuvent amener la découverte de nouveaux débris ou de nouveaux cadavres. »

« Bonifacio, 6 mars.

« Amiral,

« En laissant un officier sur l'île de Lavezzi, parmi
les instructions que je lui avais données, la plus im-
périeuse et la plus pressante de toutes était celle de
rechercher tout d'abord, avec le plus grand soin, les
cadavres des malheureux qui ont péri dans le naufrage
de *la Sémillante*, afin de les préserver le plus tôt pos-
sible de toute souillure, et de faire disparaître immé-
diatement un aussi douloureux spectacle.

« L'exécution de mes ordres a amené la découverte
de soixante cadavres, la plupart nus ; ces infortunés
avaient eu le temps de se déshabiller pour lutter plus
facilement contre la mort. Ils sont presque tous mé-
connaissables ; parmi eux, cependant, on croit avoir
reconnu un prêtre aux bas de soie noire dont il était
encore porteur.

« Le corps de M. le commandant Jugan a été re-
trouvé, et seul reconnu d'une manière positive. Il
était en uniforme, et sans cela même, amiral, il était
très-reconnaissable par suite de la difformité de l'un de
ses pieds. Des soins particuliers lui ont été rendus ; il
a été mis dans une bière avec deux couvertures, et la
croix qui surmonte ses restes porte une inscription.

« A mesure que de nouveaux cadavres sont décou-
verts, ils sont roulés avec soin dans une couverture,
ce qui les préserve d'un nouvel outrage, en empêchant
toute dislocation ; puis ils sont placés sur une civière

et portés au lieu désigné, où une fosse particulière les reçoit aussitôt. Une croix est placée sur chaque fosse.

« L'abondance des cadavres que l'on découvre à chaque instant et qui sont tous en putréfaction, et les difficultés du transport, nous ont forcés d'ouvrir un second cimetière. Ces devoirs étaient rudes à remplir pour mes pauvres matelots; plusieurs en ont été tellement impressionnés qu'ils n'ont pas pu continuer ce service; d'autres ne le remplissaient plus qu'en pleurant.

« Le sauvetage des débris ne pouvait plus se faire, mes hommes suffisaient à peine à la recherche et au transport des cadavres, et au travail pénible que nécessitent ces fosses profondes, sans avoir tous les outils nécessaires pour ce genre de travail."

« Pour toutes ces raisons, j'ai cru devoir prier M. le commandant de place de vouloir bien mettre à ma disposition un détachement de 50 hommes, ce qui m'a été aussitôt accordé avec empressement.

« J'ai pensé, amiral, qu'à ces soins matériels ne devaient pas se borner mes devoirs, et que les ministres de la religion devaient être priés d'appeler les bénédictions célestes sur les dépouilles de tant de malheureuses victimes, et de bénir la terre qui recouvre leurs restes. Je n'ai eu qu'un désir à exprimer à cet égard, et MM. les curés de la haute et de la basse ville n'ont voulu laisser à personne le soin de remplir cette pieuse mission.

« Dimanche matin, 4 mars, *l'Averne* est parti de Bonifacio, portant à Lavezzi MM. les curés, M. le juge de paix et son greffier, cinquante soldats, deux caporaux, un sergent et un officier. Le détachement a été débarqué, et deux heures après, il était parfaitement campé, à l'abri de tentes faites avec les voiles de *l'Averne*, et par les soins de son équipage.

« A midi, la cérémonie religieuse a eu lieu, et l'absoute a été donnée. Tout le monde y a assisté dans le plus profond recueillement.

« Lorsque vous jugerez que le moment en sera arrivé, je pense que tout le clergé de Bonifacio sera disposé à se transporter à Lavezzi, ainsi que plusieurs personnes de la ville. J'en ai déjà causé avec MM. les curés, qui ont bien voulu s'y transporter une première fois.

« Ces soins ne me font pas négliger la partie matérielle du sauvetage ; mais les vents presque constants qui règnent dans ces parages avec une certaine violence, dans cette saison, rendent toute opération très-difficile ; il faut attendre le calme, et je n'en ai pas encore eu. Je me suis mis et je me mets en relation avec M. le chef du service de la marine, et j'agis d'accord avec M. le chargé de l'inscription maritime à Bonifacio pour le récolement et l'inventaire des objets sauvés, dont la valeur paraît d'ailleurs être bien minime.

« Le personnel nombreux qui se trouve aujourd'hui sur l'île de Lavezzi m'a déterminé à y détacher M. le chirurgien-major de *l'Averne*, dont les services pourront être très-utiles dans le cas de quelques accidents occasionnés par les opérations du sauvetage. »

« Bonifacio, 13 mars.

« Amiral,

« Après avoir pris les dispositions dont j'ai eu l'honneur de vous entretenir par mes lettres des 2 et 6 de ce mois, et conformément à vos ordres, je me suis rendu en Sardaigne, à Longo Sardo et à la Madeleine, pour essayer d'y recueillir quelques renseignements sur l'épouvantable naufrage qui est venu affliger la marine impériale.

« Partout, en Sardaigne comme en Corse, je trouve beaucoup de suppositions, mais de faits certains presque nulle part.

« Tout le monde est d'accord sur la furie sans exemple de l'ouragan du 15 février qui, dans ces parages, a occasionné partout les plus grands dégâts, enlevé les toitures des maisons, arraché des arbres séculaires, et qui ne permettait aux personnes forcées de sortir de chez elles de le faire qu'en rampant.

« Cet ouragan soufflait de l'ouest-sud-ouest; les bouches de Bonifacio ne présentaient plus qu'un immense brisant où l'on ne pouvait rien distinguer; il n'y avait plus ni passes ni rochers; de nuit comme de jour, il était impossible de s'y reconnaître. La mer était tellement déchaînée et l'embrun si épais et si élevé, que *la Sémillante* devait en être couverte à une grande hauteur, et inondée, sans que personne à bord pût distinguer le bout du beaupré. Il n'y avait pas de frégate au monde capable de présenter le travers à une

aussi terrible tempête, et tout bâtiment que sa position
dans ces parages forçait de laisser courir pour donner
dans ces passes si ¡dangereuses par tout temps, était
voué d'avance à une perte presque certaine au moment
de cette tourmente.

« J'ai interrogé beaucoup de monde en Sardaigne,
commandants militaires et civils, agents consulaires,
capitaines de port, gardiens de phares, etc. Voici le
seul renseignement que j'ai pu recueillir.

« Le chef du phare de la Testa m'a déclaré que, le
15 février, vers onze heures du matin, une frégate
dont il ne comprenait pas bien la manœuvre, ce qui
lui fit supposer qu'elle avait des avaries dans son gou-
vernail, venait à sec de toile, de la partie du nord-
ouest, se dirigeant sur la plage de Reina Maggiore,
près du cap de la Testa, où il pensait qu'elle allait se
briser, lorsqu'il l'a vue hisser sa trinquette et venir
sur bâbord en donnant dans les bouches de Bonifacio,
où l'horizon était tel qu'il l'eut bientôt perdue de
vue.

« Vous remarquerez sans doute, amiral, que, sous
le rapport de l'heure, cette déclaration se rapproche
de celle qui m'a été faite par le berger de Lavezzi, et
qu'à elles deux elles auraient une certainne valeur, qui ·
tendrait à fixer le moment du sinistre au 15 février,
vers midi. Cependant, ce même gardien, dans une
première déclaration faite à d'autres personnes, avait
d'abord dit que c'était une frégate à vapeur. Quand
j'ai insisté sur cette différence, il m'a répondu, ce qui
n'était malheureusement que trop vrai, que l'on ne

distinguait que bien mal et à une bien petite distance, et seulement par suite de l'élévation du phare.

« La mer était si forte que les glaces du phare de la Testa étaient couvertes d'une forte couche de sel. Il en était de même à Razzoli.

« A la Madeleine, je n'ai pu avoir aucun renseignement; on ne savait rien; les gardiens du phare de Razzoli n'avaient rien vu. Mais j'y ai recueilli un témoignage bien précieux en cette douloureuse circonstance. C'est celui de M. le capitaine de vaisseau anglais Daniel Roberts, retiré depuis dix ans à la Madeleine, et qui m'a affirmé, à plusieurs reprises, que, dans le cours d'une carrière bien remplie, dans aucun parage, par aucune latitude, il n'avait jamais rien ressenti, rien éprouvé qui approchât de la furie de l'ouragan qui a sévi dans les bouches de Bonifacio le 15 février.

« Sur la côte de Sardaigne, on n'a trouvé d'ailleurs ni débris, ni traces, ni vestiges du naufrage.

. . . .

« De la Madeleine, je me suis rendu à Lavezzi, et là, le premier moment de douleur passé, j'ai trouvé tout le monde, officiers, soldats et matelots, occupé à faire courageusement son rude devoir. Je ne saurais trop appeler votre bienveillante attention sur tous ces braves gens. La sépulture avait déjà été donnée à cent soixante-dix cadavres; quarante autres encore attendaient qu'on pût les recueillir; j'avais le cœur navré.

« Le spectacle que présente la partie sud de l'île Lavezzi, où se trouvent plusieurs petites criques qui

ne sont point indiquées sur la carte de M. de Hell, et
dans lesquelles sont dispersés les débris de *la Sémil-
lante*, est quelque chose d'affreusement douloureux,
et il faudrait une plume plus exercée que la mienne
pour la peindre. C'est là que, suivant les vents ré-
gnants, ces malheureux cadavres apparaissent par
groupes, tous dans un état affreux ; l'air en est infecté.

« Je ne crois pas devoir manquer de vous signa-
ler un fait qui, certainement, ne vous aura pas
échappé, fait bien simple en lui-même, celui de l'ac-
complissement d'un devoir sacré, mais qui n'en est
pas moins honorable pour l'infortuné capitaine Jugan
et pour le corps de la marine impériale. Seul, sur
deux cent cinquante cadavres ensevelis jusqu'à ce mo-
ment, le corps du capitaine Jugan a été trouvé à peu
près intact et parfaitement reconnaissable ; cet état de
préservation était dù au paletot d'uniforme dans le-
quel il a été trouvé encore entièrement boutonné. Tous
les autres cadavres étaient nus en grande partie. La
mort a donc trouvé ce brave et infortuné capitaine
faisant courageusement son devoir, et luttant jusqu'au
dernier moment pour les autres, sans songer à lui-
même.

« Voici l'inscription que j'ai fait mettre sur sa
tombe :

«   CI GIT

« G. JUGAN, CAPITAINE DE FRÉGATE,

« COMMANDANT LA SÉMILLANTE,

« NAUFRAGÉE LE 15 FÉVRIER 1855. »

« Lavezzi, 15 mars.

« Chaque tombe est surmontée d'une croix, et deux grandes croix, faites avec les débris des bouts-dehors de la frégate, sont placées en tête des deux cimetiè-

res situés, l'un dans l'ouest et l'autre dans l'est de l'île[1]. L'ouverture de ces deux cimetières a été rendue nécessaire pour éviter un transport long et difficile

[1] Par les soins de l'administration de la guerre et de la marine, un monument commémoratif a été depuis érigé sur le sommet de l'îlot au pied duquel s'est engloutie *la Sémillante*.

dans des rochers escarpés, et même par mesure sani-
taire.

. . . .

« Lieutenant de vaisseau commandant *l'Averne*,

« BOURBEAU. »

14

XXI

NAUFRAGE DE L'AVISO A VAPEUR LE DUROC

RAPPORT DE M. MAGDELAINE, ENSEIGNE DE VAISSEAU,
AU MINISTRE DE LA MARINE

« En mer, à bord du packet *Padang*,
le 30 septembre 1856.

« Monsieur le ministre,

« Je viens remplir un triste devoir en vous annonçant la perte de l'aviso à vapeur *le Duroc*. Ce bâtiment, commandé par M. de la Vaissière, lieutenant de vaisseau, s'est jeté, dans la nuit du 12 au 13 août 1856, sur le récif Mellish, qui se trouve à 160 lieues dans le nord-ouest de la Nouvelle-Calédonie. *Le Duroc* était parti de ce dernier point, le 7 août, pour opérer son retour en France.

« Le rapport que M. de la Vaissière vous adressait sur cet événement malheureux a été perdu dans un

accident de mer qui m'a enlevé vivres et vêtements ;
mais j'ai la satisfaction de vous annoncer que j'ai con-
duit à Coupang (Timor) les trente-cinq personnes pla-
cées sous mes ordres, après une traversée de plus de
huit cents lieues en canots.

« Permettez-moi, avant de commencer le récit de
ce voyage, de vous donner quelques détails sur la si-
tuation dans laquelle j'ai laissé, à la date du 25 août,
sur le récif Mellish, le commandant de la Vaissière et
les trente personnes qui sont restées avec lui. Ce récif
est à fleur d'eau ; sa position, observée après le nau-
frage, diffère sensiblement de celle donnée par les
cartes. Cette position serait, d'après les observations :
latitude sud, 17° 23′ ; longitude est 153° 35′.

« Après l'échouage, et au jour, on aperçut un îlot
de sable d'environ 200 mètres de large, où, lorsque
tout espoir de sauver le navire fut perdu, le comman-
dant fit déposer les malades, les vivres, la cuisine dis-
tillatoire, le four, la forge et tout ce qu'il était possi-
ble de transporter avec nos faibles embarcations et des
radeaux.

« Pendant ce sauvetage, le capitaine faisait entre-
prendre la construction d'un canot de 14 mètres de
quille, en employant le bois provenant des bas mâts
et du beaupré, démâtage qui fut terminé le 23 août.
Des tentes ont été construites avec des voiles pour
abriter les hommes et les vivres. La cuisine distilla-
toire fournit l'eau à discrétion, et il restait, à cette
date, environ quatre mois de vivres pour les trente et
une personnes restantes. Le capitaine espérait termi-

ner cette embarcation à la fin de septembre, et cher-
cher à gagner un point de la côte d'Australie d'où il
pût rallier Sydney.

« Conformément aux ordres dn capitaine du *Duroc*,
je pris, le 25 août, le commandement d'un détache-
ment composé de trente-cinq personnes, réparties ainsi
qu'il suit : quinze hommes avec moi, dans le grand
canot; l'enseigne de vaisseau, Augey-Dufresse, dans le
canot-major, avec neuf hommes; le maître d'équi-
page, avec neuf hommes, dans la baleinière.

« J'avais ordre de diriger ces embarcations de con-
serve jusqu'à la côte d'Australie, et, de là, remonter
jusqu'au détroit de Torrès, où M. de la Vaissière pen-
sait que je trouverais quelque navire qui pourrait me
conduire à un point de rapatriement facile. Malheu-
reusement ces canots, d'une très-faible dimension, et
quoiqu'ils n'eussent que des vivres réduits pour vingt-
cinq jours, quelques hommes et deux rechanges d'ef-
fets par homme, se trouvaient beaucoup trop chargés
pour affronter une grosse mer.

« Je partis le 25 août dans l'après-midi, et je trou-
vai immédiatement une mer assez grosse par suite des
vents violents qui avaient retardé pendant deux jours
mon départ.

« Les canots ne cessèrent pas, à partir de ce mo-
ment, d'embarquer de l'eau à chaque lame, et il n'y
eut que deux ou trois hommes par canot à qui il fût
prudent de confier la barre.

« Je dirigeai la route sur le cap Tribulation, qui
avait l'avantage d'être à la fois le point le plus rap-

Cons'ruction d'un canot par l'équipage du *Duroc*.

proché de la côte, et, en même temps, le plus remarquable par la distance d'où il est ordinairemeut visible en mer ; car ce qui rendait ma navigation le plus difficile était la nécessité de maintenir toujours en vue les trois embarcations, et je dus me résigner à être presque constamment de veille, la nuit principalement, pour prévenir une séparation qui eût été probablement fatale à l'embarcation commandée par le maître d'équipage. Le moyen que m'avait prescrit M. de la Vaissière de prendre des remorques fut reconnu impraticable, les bosses ayant cassé trois fois de suite, non sans me faire craindre pour la solidité des canots.

« Le 27, la mer augmenta tout à coup d'une manière des plus inquiétantes. Chaque canot dut songer à son salut personnel et jeta à la mer tout ce qui n'était pas d'une nécessité absolue. Déjà, une fois, mon canot avait rempli à moitié, mais, après l'avoir allégé d'une manière notable, j'espérais éviter un nouvel accident que craignaient les hommes que j'avais avec moi et qui avaient l'habitude de la pêche dans les canots.

« Vers midi, pendant que je prenais la hauteur méridienne, je me sentis enlevé tout à coup par une lame énorme, et, quand je reparus sur l'eau, j'étais à plus de vingt-cinq brasses de mon canot, ayant encore mon cercle à la main ; je vis alors flotter à la mer les barils et caisses contenant les vivres. Je crus tout espoir de secours perdu, lorsque j'aperçus la baleinière, qui était restée en arrière, et qui, sur les indications fournies par le grand canot, se dirigeait à ma recherche. Je repris assez de force pour nager au devant, et je fus recueilli au moment où, perdant toute vigueur, je disparaissais.

« Je demande pardon à Votre excellence d'insister autant sur cet événement, qui m'est presque personnel, mais il a eu des conséquences si funestes sur le reste de notre navigation, que je crois devoir vous le donner dans tous ses détails.

« Les premiers résultats furent la perte des instruments, de presque tous les vivres contenus dans mon canot, des vêtements des hommes, du sac dans lequel j'avais renfermé mon uniforme, mes papiers et la correspondance du capitaine du *Duroc*, contenant son rapport sur le naufrage, des lettres officielles aux consuls et aux autorités des pays où je pouvais passer, et enfin les livrets des hommes du grand canot.

« Pendant que la baleinière me sauvait d'une manière si inattendue, le patron du grand canot, le quartier-maître Laury, aidé d'un matelot que je ne saurais trop recommander à votre bienveillance, le nommé Burel, seuls, ne perdant pas un moment leur présence d'esprit, sautent, l'un à la barre, l'autre à la voile, qu'ils amènent, arment un aviron et réussissent à mettre le canot debout à la lame.

« En même temps, les autres hommes ont repris courage. Tout est jeté à la mer : seaux, souliers, etc., tout sert à vider l'eau qui avait rempli le canot jusqu'au bord; le salut des hommes et du canot est assuré ; bientôt il peut rejoindre les deux autres embarcations, réussissant à sauver sur sa route 20 kilogrammes de biscuit et le baril à eau.

« Ce ne fut que le soir que l'état de la mer me permit de reprendre le commandement de mon canot, mais, privé de vivres et de presque tout ce qui m'était

Les canots du *Duroc.*

nécessaire pour diriger la route, je dus, à partir de ce moment, me confier aux observations de M. Dufresse, observations qui allaient me devenir d'une si grande utilité, comme Votre Excellence pourra en juger par la suite de mon rapport.

« J'atterris, le 30 au soir, le cinquième jour de mon départ, sur le cap Tribulation, et je passai la nuit, mouillé en dedans d'un récif. Je crus, à ce moment, avoir rempli le plus difficile de ma mission, tandis que les déceptions les plus cruelles m'attendaient à partir de ce point et allaient exiger de chacun les sacrifices les plus durs et le dévouement le plus absolu.

« J'avais rencontré successivement sur ma route un îlot et un récif non signalés sur les cartes. J'avais craint d'abord d'avoir été entraîné par les courants ; mais l'exactitude avec laquelle je me trouvais atterrir me donna la certitude des positions en latitude que j'ai déterminées pour ces deux points.

« Le 28, à neuf heures du matin, j'ai contourné un îlot de sable rouge n'ayant pas de récif, par 16° 24′ latitude sud ; la longitude estimée était de 147° 54′.

« Le lendemain, 29, le canot-major, qui était en avant, me signala un récif à fleur d'eau, dont les têtes de roche étaient à découvert et d'une étendue de plusieurs milles, avec un lagon intérieur, aux eaux bleuâtres : latitude sud, 16° 36′ ; longitude estimée, 145° 40′.

« Le 31 août, avant de commencer à remonter la côte d'Australie, je fis le recensement des vivres restant dans les trois canots. Je possédais encore 72 kil. de biscuit, 20 litres d'eau-de-vie et 60 litres de vin. Je fis mon plein d'eau sur la côte, malgré la présence de quelques naturels et les difficultés de débarquement.

« Le 9 septembre, j'arrivai au port Albany, passant chaque nuit à l'abri d'un îlot ou d'une pointe de terre, ne trouvant à faire de l'eau qu'en me mettant en communication avec les naturels, vivant de poissons, de racines et de coquillages, etc., en un mot, de toutes les ressources que pouvaient fournir les points où nous passions la nuit : je ne consommai de biscuits que quand ces ressources nous manquaient.

« J'avais compté trouver, dans le port Albany, un endroit où faire de l'eau, et peut-être un établissement anglais. Je n'y trouvai aucune trace de passage des navires ; les sources d'eau étaient taries, et, après une matinée de recherches infructueuses, je me décidai, malgré l'état d'affaiblissement dans lequel nous étions tous, à partir pour Coupang aussitôt que j'aurais réussi à faire de l'eau. Je ne me dissimulai pas les dangers que le manque de vivres pouvait me faire courir ; aussi, un instant, je fus sur le point d'aller chercher, sur la côte de la Nouvelle-Guinée, un chargement de cocos, mais le manque de cartes me détourna de ce projet.

« Le 10 septembre, après avoir réussi à faire le plein d'eau sur l'île Possession, par l'entremise de naturels qui paraissaient avoir des communications avec les navires anglais, dont ils ont appris quelques mots, je fis le partage, entre les canots, du biscuit qui restait (42 kil.), ce qui donnait environ 100 grammes par jour et par homme, en comptant sur une traverseé de dix à douze jours.

« J'essayai de relever le moral, un peu affaibli, d'hommes fatigués par quinze jours de privations de toute espèce, et pris de nouveau la pleine mer, me confiant à la Providence, qui m'avait conduit déjà si heureusement, et avait permis qu'au milieu des circonstances difficiles les maladies ne vinssent pas augmenter nos infortunes. Je poursuivis ma navigation avec assez de bonheur jusqu'au 17 septembre. Les hommes, malgré notre faible nourriture, se soutenaient en bonne santé, lorsque le calme vint nous surprendre d'une manière aussi inattendue que terrible.

« Le 18, j'essayai de faire nager les hommes ; mais la chaleur et le manque d'eau ne leur permirent pas de continuer.

« Le 19, la crainte commença à naître dans l'esprit d'une partie des hommes, et je résolus d'en profiter pour tenter un dernier effort, en nageant directement sur le milieu de l'île Timor, dont je m'estimai à environ trente lieues.

« Je voulus donner moi-même l'exemple, et, profitant de la fraîcheur de la nuit, nous ne quittâmes point les avirons depuis cinq heures du soir jusqu'au jour, n'ayant que douze centilitres d'eau pour nous désaltérer durant cette longue nage.

« Au lever du soleil, la terre nous apparut dans une étendue de plus de vingt lieues. Cette vue ranima le courage de chacun et sembla donner de nouvelles forces aux hommes. Aidé d'une faible brise, je réussis à entrer le soir dans une ouverture qui me semblait une rivière et d'où s'élevait une immense fumée.

« Le 21 au matin, j'étais obligé de quitter ce point

n'ayant pu y obtenir des vivres et de l'eau, et ce ne fut qu'en longeant la côte que je parvins à me procurer de l'eau sur un point inhabité. Le 22 au soir, n'ayant plus de vivres depuis le matin, j'atteignis le port de Coupang.

« J'allai immédiatement trouver le résident, M. Frœnkel, qui mit aussitôt à notre disposition toutes les ressources que présente la colonie. Pendant trois jours, les hommes ont pu se reposer avec une nourriture abondante et reprendre des forces pour entreprendre une nouvelle navigation.

« Sur l'avis de M. le résident, je dus prendre passage, le 25, sur le packet allant à Batavia et qui passe chaque mois à Coupang. Avant de partir, j'ai fait, par son entremise, au nom du gouvernement français, la vente publique des trois embarcations et des objets qu'elles contenaient.

« M. Frœnkel n'a cessé, pendant les trois jours que j'ai passés à Coupang, de nous entourer des soins les empressés et les plus généreux. Avant mon départ je lui ai adressé, en mon nom et au nom de l'équipage, une lettre de remerciement. Je suis heureux de pouvoir vous le faire connaître.

« Je lui ai laissé, dans un rapport succinct, les indications nécessaires pour que les navires qui iraient de ce point à Sydney puissent s'assurer en passant du sort de nos compagnons d'armes.

« M. Frœnkel m'a remis des lettres pour le résident de Sourabaya, où le packet s'arrête plusieurs jours, et pour celui de Batavia qui doit me fournir les moyens de rapatriement nécessaires. J'aurai l'honneur de vous faire connaître, dès mon arrivée sur ce dernier point, les moyens que le gouvernement hollandais aura mis à ma disposition.

« J'ai quitté le 25 septembre le port de Coupang sur le vapeur le *Padang* ; les hommes étaient presque tous en bonne santé. Quelques-uns ont reçu, pour de légères indispositions, les soins des docteurs hollandais de Coupang.

« En terminant ce rapport, je serais heureux de pouvoir appeler votre bienveillante attention sur les services que m'a rendus M. l'enseigne de vaisseau Augey-Dufresse, qui commandait le canot major. Cet officier a contribué non-seulement au service de notre expédition par ses observations, lorsque j'ai eu perdu mon instrument, mais il a rempli aussi avec le plus grand succès la mission que je lui ai confiée plusieurs fois d'aller faire de l'eau sur la côte d'Australie ; il a réussi à soutenir, dans des circonstances bien difficiles, le courage des hommes qui se trouvaient sous ses ordres. J'ai trouvé en lui non-seulement l'officier intrépide, mais aussi le meilleur conseiller dans le moment où un chef a besoin des avis de chacun.

« Le deuxième maître, Leroy, a déployé, malgré les souffrances les plus grandes, un courage au-dessus de tout éloge : il a conduit la baleinière qu'il commandait avec le succès le plus remarquable, et malgré l'infériorité de sa marche a su, par sa vigilance, prévenir toute séparation.

« Je ne puis passer sous silence le dévoucment et

l'intelligence exceptionnels que j'ai rencontrés dans le matelot de deuxième classe Jean Burel; il a puissamment contribué au salut du grand canot, et il n'y a pas de jours où il ne m'ait donné l'occasion d'exercer son courage à toute épreuve.

« Je vous citerai, comme s'étant spécialement fait remarquer dans plusieurs circonstances et m'ayant, par leur heureuse influence sur leurs camarades, permis de les diriger sans difficultés, les nommés Mouillard (Louis-Auguste) et Lecomte (Joseph), matelots de deuxième classe, et Riques (Émile-Pierre), matelot de troisième classe.

« Je joins à ce rapport l'état des personnes de l'équipage restées, à la date du 23 août, sur le récif Mellish et celui des personnes arrivées avec moi à Timor. La santé de tout l'équipage était excellente; j'ai emmené avec moi le seul homme blessé dans le naufrage, le matelot de deuxième classe Dezon (Auguste), qui a eu l'épaule fracturée par la roue du gouvernail au moment de l'échouage.

« Je suis, etc.

« L'enseigne de vaisseau second du Duroc, commandant
« le détachement arrivé à Timor,

« A. MAGDELAINE. »

Afin de compléter les détails qui précèdent, nous reproduisons la lettre suivante adressée par le commandant de la Vaissière à son frère, qui avait bien voulu la communiquer au *Moniteur de la flotte :*

« Batavia, 7 février 1857.

« Mon cher Alexandre,

« *Le Duroc,* heureusement sorti de tant d'épreuves, a péri dans un naufrage ; et c'est un hasard providentiel qu'il me soit donné de t'en informer. Cinquante jours passés sur un banc de sable ; une embarcation [1] construite sous un climat ardent avec nos mâts sciés en planches ; un voyage de huit cents lieues entrepris par trente et une personnes sur ce frêle esquif, en compagnie de la faim, de la soif et de la maladie ; des hommes paralysés, quelques-uns paraissant près d'expirer : tels sont les spectacles qui viennent d'attrister mon existence ! Ils auraient sans doute usé mon énergie et ma santé, si ma femme et ma petite fille, fatalement associées à ces malheurs, ne les eussent supportés, l'une avec le calme et le courage qui résultent souvent du danger, l'autre avec la naïve résignation de l'enfance ; si, dans ces pénibles conjonctures, une discipline exacte, une obéissance ponctuelle, un travail intelligent et soutenu, n'eussent consacré

---

[1] Cette embarcation, nommée *la Délivrance,* fut mise à l'eau le 20 septembre, et, le 2 octobre, le capitaine de la Vaissière et les trente personnes restées avec lui depuis le naufrage quittèrent l'îlot pour entreprendre leur périlleuse traversée.

trois ans et demi de soins appliqués à l'instruction de
mon équipage.

« Arrivés à Coupang, dans l'île de Timor, le 30 oc-
tobre dernier, nous en sommes partis le 13 novembre,
et nous aurions dû atteindre au commencement de
décembre, sur le paquebot des Moluques, l'île de Java.
Nous visitâmes successivement Banda, Amboine, Ter-
nate et Menada dans l'île de Célèbes, comblés partout
dans les établissements néerlandais des plus tou-
chantes attentions, accueillis avec la plus généreuse
hospitalité.

« Jusque-là tout allait assez bien. La mousson
d'ouest sous laquelle, avant d'atteindre Timor, notre
embarcation *la Délivrance* s'était entr'ouverte et
avait failli sombrer, la mousson d'ouest faisait bien
entendre par intervalles ses terribles orages, mais
le paquebot gagnait du terrain. Nous atteignîmes
ainsi Macassar. Mais alors, durant un mois et demi, ce
fut une tourmente continue. Après quatre tentatives
infructueuses pour traverser la mer de Java, le paque-
bot *l'Ambon* rentra désemparé sur la rade, et nous
semblâmes un moment n'avoir traversé le détroit de
Torrès que pour demander la sépulture à un autre
océan.

« Transbordés, après un mois d'attente, sur un
autre paquebot, *le Padang*, nouvelle tentative infruc-
tueuse, nouvelle relâche après six jours de mer. Pour-
tant enfin, le 26 janvier, nous jetions l'ancre à Sura-
baya, dans l'île de Java. Je m'abouchai le 4 février
à Samarang avec un navire de Bordeaux : ce bâtiment

viendra me prendre devant Batavia, et j'espère, le
12 février, passer le détroit de la Sonde pour aller en
France.

« Le prochain départ du courrier de Suez et les oc-
cupations qui m'incombent à la veille d'un prochain
départ, d'un nouveau séjour de quatre mois consécu-
tifs sur les flots qui ont balayé tous les fruits de ma
campagne, toutes les ressources qui accompagnaient
nos personnes, ces tristes circonstances, ces devoirs
urgents ne me laissent pas le temps de t'entretenir
du naufrage du *Duroc* dont les causes sont, je l'espère,
suffisamment connues; si le premier détachement de
mon équipage est à cette heure sur la terre de France,
et si, ce que je désire, mon rapport a été remis; si
surtout les matelots ont été interrogés.

« J'ai la confiance d'avoir fait mon devoir, et j'at-
tends, sans plus de crainte que je n'en ai eu en face
d'une mort terrible et presque certaine, le jugement
du conseil de guerre qui devra prononcer sur mon
sort[1]. »

---

[1] A la suite de l'acquittement le plus honorable, prononcé à l'una-
nimité, le commandant de Lavaissière fut attaché à l'état-major de
l'amiral Hamelin, alors ministre de la marine.

XXII

RELATION DE M. VÉRETTE, AIDE-MAJOR, PASSAGER

Le 15 décembre 1866, les côtes de l'Algérie ont été le théâtre d'un événement tragique. Par une nuit de mauvais temps, le paquebot à vapeur *le Borysthène*, ayant touché sur un récif, près d'Oran, l'arrière du navire s'est englouti instantanément, entraînant soixante-dix personnes dans l'abîme. Pendant deux jours, cent quatre-vingts marins et passagers sont restés accrochés aux flancs du navire ballotté par la mer, ou entassés sans ressources sur un rocher désert. Dans une lettre adressée à sa famille, M. Vérette, aide-major, passager à bord et échappé au désastre, a fait de cette scène émouvante la narration qu'on va lire :

« Le commandant du navire nous assura qu'entre dix et onze heures du soir, nous arriverions à Oran.

. Grande fut notre joie, car c'est vraiment bien triste de ne voir pendant deux grandes journées que le ciel et l'eau ; et puis ce mouvement perpétuel du navire vous fatigue et vous ennuie ; on soupire après la terre.

« Au dîner, il y eut beaucoup de gaieté. A huit heures, on bouclait ses sacs de nuit pour être plus tôt prêt à débarquer. A neuf heures et demie du soir nous étions encore sur la dunette à causer. La mer devint tout à coup plus mauvaise. J'allai me coucher ; mais le roulis m'empêchant de fermer les yeux, je m'en plaignis à mon voisin, qui ne me répondit pas : il dormait comme un bienheureux.

« Je sommeillais cependant, vers onze heures, quand j'entendis une voix crier : « Stop, nous som-« mes dessus, machine en arrière ; vite ! » Puis le bruit sourd de l'hélice cessa de se faire entendre : le bâtiment sembla s'arrêter, on courait sur le pont. « Allons, allons, dis-je à mon voisin, nous sommes « arrivés, nous entrons dans le port, on manœuvre en « haut. » Tout en disant cela, et comme saisi d'un vague pressentiment, je sautai à bas de mon hamac pour monter sur le pont. Au même instant, un craque-ment terrible se fait entendre, accompagné de se-cousses si violentes, que je tombai à terre ; puis j'en-tends un matelot qui crie : « Mon Dieu ! nous sommes « perdus, priez pour nous ! »

« Nous venions de toucher le rocher, et le navire s'entr'ouvrait ; l'eau entrait dans la cale, on l'enten-dait bouillonner. Les soldats, qui couchaient sur pont, se sauvent pêle-mêle, n'importe où, en poussant des cris affreux ; les passagers, demi-nus, s'élancent hors des cabines ; les pauvres femmes s'accrochaient à tout le monde et suppliaient qu'on les sauvât ; on priait le bon Dieu tout haut, on se disait adieu. Un négociant arme un pistolet et veut se brûler la cervelle ; on lui arrache son arme. Les secousses continuaient ; la cloche du bord sonnait le tocsin, mais le vent mugissait affreusement, la cloche n'était point entendue à cinquante mètres. C'étaient des cris, des hurlements, des prières ; c'était je ne sais quoi d'affreux, de lugubre, d'épouvantable ; jamais je n'ai vu, jamais je n'ai lu de scène aussi horrible, aussi poignante. Être là, plein de vie, de santé, et en face d'une mort que l'on croit certaine, et d'une mort affreuse !... En ce moment suprême, le vicaire, M. Moisset, nous donna à tous la bénédiction. La voix pleine de larmes de ce pauvre prêtre, recommandant à Dieu deux cent cinquante malheureux que la mer allait engloutir, remuait toutes les entrailles. Presque au même instant, le navire versait tout entier sur le côté droit ; l'eau entrait dans la salle à manger, dans les cabines, à gros bouillons. Tout le monde fut précipité du même côté. Nous avions de l'eau jusqu'aux épaules : il fallut nager jusqu'à la rampe de l'escalier qui conduisait sur le pont ; c'est alors qu'on n'entendit plus un cri, chacun se sauvait comme il pouvait sans proférer une parole.

« Arrivé au bas de l'escalier, j'aperçois Dogny nageant près de moi. Nous montons tous deux ; mais, arrivés en haut, la porte était fermée, et nous entendons crier : « Gare ! le grand mât va tomber ! » On l'abattait à coups de hache, mais bientôt une lame enlevait les matelots occupés à ce travail.

« Au haut de l'escalier se trouvait un petit tambour en tôle, qui en recouvrait l'entrée. Deux lucarnes étaient pratiquées dans le tambour ; la porte étant fermée, nous ne pouvions l'enfoncer, et Dogny me dit : « Nous sommes perdus, l'eau monte dans l'escalier ! » En passant la tête par la lucarne, je vis Roux, Godard et Weber, accroupis sur le haut du tambour et se cramponnant comme ils pouvaient. Ils m'aperçoivent et me crient : « Vite, Vérette, vite, passe par la lu- « carne ; nous sommes perdus ! » Ils m'ont tiré tant et si bien, que je suis passé, et Dogny ensuite. Nous voilà donc tous les cinq groupés sur un espace où trois personnes auraient été fort gênées ; derrière nous, la mer furieuse ; à droite, la mer encore ! Au bout d'une minute, nous entendons des cris, c'était l'arrière tout entier du navire qui craquait et s'engouffrait tout d'un coup, entraînant avec lui une soixantaine de personnes.... puis le silence !

« La nuit était noire, et les vagues d'une phosphorescence telle qu'elles nous retombaient sur le dos comme une pluie de feu ; cela sentait l'éther, la créosote. Jamais je n'avais vu cela. Les lames balayaient le pont avec une rage inouïe, entraînant tous ceux qui ne se cramponnaient pas ; on les entendait venir de loin, et quand elles arrivaient, on baissait la tête et on se serrait les uns contre les autres. Nous en avons

reçu de si violentes, que nous craignions que le tam-
bour de l'escalier sur lequel nous nous trouvions ne
craquât et ne nous entraînât dans sa chute. Weber
me disait : « Vérette, nous allons mourir ; mais si
« l'un de nous se sauve, qu'il jure d'écrire à nos pa-
« rents aussitôt qu'il le pourra. »

« Nous nous sommes serrés la main plus de dix fois
en nous disant adieu. Les vagues ne nous laissaient
plus de repos. L'eau nous coulait dans le dos, nous en
avions plein les yeux et la bouche. Quand une lame
balayait le pont, on voyait encore se détacher quel-
qu'un d'un groupe, glisser sur la pente inclinée du
pont ; le malheureux criait : « O mes amis ! » La va-
gue se retirait en l'emportant, et c'était tout ; d'autres
criaient : « Soutenez-moi, je glisse, je suis perdu ! »
Un contrôleur voit sa femme enlevée par une lame ;
elle avait son enfant de dix-huit mois sur les bras ; ne
pouvant la retenir, il saute à la mer en disant : «Nous
« mourrons ensemble ! » Le vicaire, M. Moisset, a
coulé près de moi ; je lui ai tendu la main, mais il
l'a manquée et il s'est accroché au bas de mon panta-
lon ; le morceau lui est resté dans la main, et la lame
l'a enlevé.

« Vers trois heures du matin, nous essayâmes de
quitter notre refuge et de grimper sur le bord non
submergé du navire ; mais, pour accomplir ce trajet,
il nous fallait franchir un espace de trois ou quatre
mètres en montant une pente presque verticale et glis-
sante comme un savon gras. Impossible de tenter une
pareille escalade, d'autant plus qu'il fallait grimper

dans l'intervalle de deux vagues. On nous jeta alors une corde que nous nous passâmes autour du corps, et les soldats, qui avaient pu réussir à se mettre à cheval sur le bord qui était hors de l'eau, nous montèrent chacun à notre tour. En arrivant, un soldat me reconnut. « C'est vous, major? me dit-il; don« nez-moi la main, tenez-vous bien, et laissez-vous « aller. » Il me hissa ; après moi, Dogny, Roux, Godard et Weber. On organisa alors, avec une corde, une espèce de va-et-vient, car à cinquante mètres de nous environ, se trouvait le gros rocher contre lequel nous avions échoué ; mais le tout était de se porter sur le rocher. La corde devait nous servir de pont volant.

« A neuf heures du matin, tout le monde était sur le rocher. On se compta ; il y avait soixante-dix morts. La mer en amena trois sur le rocher ; on leur prit leurs souliers, et on les donna à ceux qui n'en avaient pas. On fit du feu avec les planches des canots brisés, et l'on mit des mouchoirs blancs au haut de grands bâtons, pour être aperçus et secourus. Le rocher forme une petite île complétement dépourvue de terre, aride et à pic ; pas d'eau à boire, rien à manger ; transis de froid, mouillés jusqu'aux os, pouvant à peine nous tenir sur nos jambes, tant nous étions épuisés ! Enfin, vers midi, une balancelle, montée par des corailleurs espagnols, aperçut nos signaux et la fumée de nos feux ; elle s'approcha et nous jeta un sac de biscuits de mer, du pain et du tabac, puis cingla vers Oran pour annoncer notre naufrage.

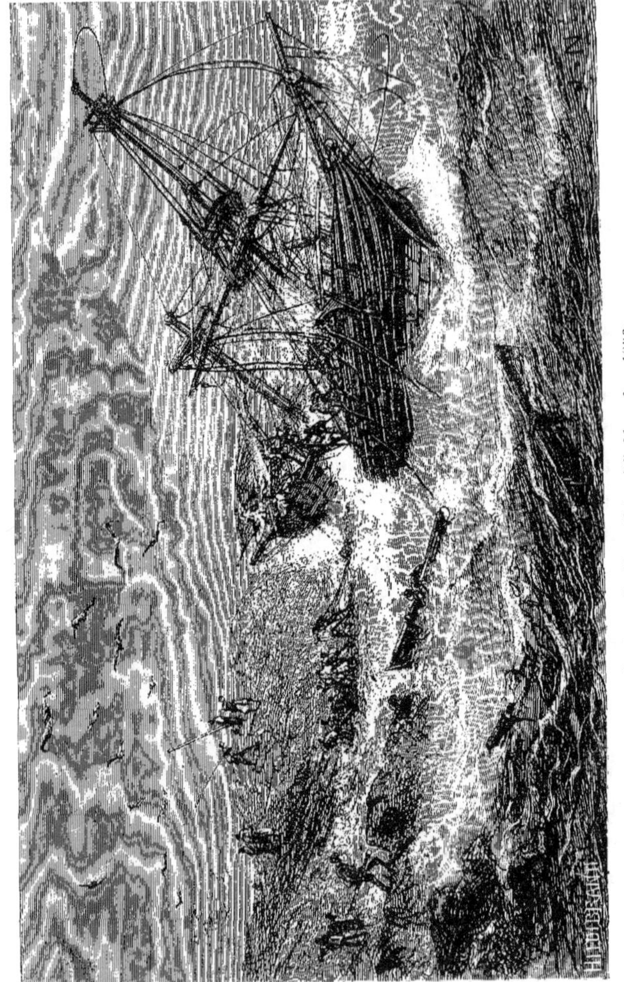

Naufrage du *Borysthène* (15 décembre 1856).

« L'après-midi, il plut. On fit placer dans les an-
fractuosités du rocher, à l'abri de la pluie, les femmes,
les enfants, les malades : les soldats donnaient leurs
capotes à ceux qui s'étaient sauvés de leurs cabines
sans être vêtus. On passa la nuit sur des rochers, au-
tour des feux que nous avions allumés. Pendant ces
deux jours, nous couchâmes à la belle étoile, nous
chauffant avec des herbes sèches et avec les débris du
navire, et allant puiser dans les creux des rochers de
l'eau de pluie mêlée avec l'eau de mer.

« C'est là que je connus, chers parents, les pre-
mières privations; nous avions, deux fois par jour,
pour tout repas, un petit morceau de pain gros comme
un œuf de poule, et rien à boire ! Enfin, le dimanche
17, à dix heures du matin, nous vîmes arriver cinq
balancelles espagnoles. On s'embrassait, on se serrait
dans les bras l'un de l'autre : nous étions sauvés ! On
monta d'abord les femmes, les enfants et les malades,
et puis tout le reste suivit.

« A une heure de l'après-midi, nous entrions dans
le port d'Oran, où une foule immense nous attendait
sur le quai ; tout le monde nous tendait les bras ; les
hommes agitaient leurs chapeaux en l'air et les dames
leurs mouchoirs. Nous avions les costumes les plus
bizarres ; ainsi, Mme Munier, dont le mari est conser-
vateur des hypothèques à Mascara, avait une capote de
soldat, son mari avait les pieds enveloppés dans des
morceaux de pantalon déchiré, etc. Moi j'avais ma tu-
nique, plus de képi, mais un mouchoir autour de la
tête, mes bottes abîmées comme tout le reste par l'eau

de la mer, le pouce de mon pied passant au travers, mon pantalon arraché par ce pauvre prêtre qui s'était noyé, et je ne pouvais plus me tenir sur mes jambes en arrivant à terre. J'étais hébété, et je croyais rêver[1]. »

[1] *Annales du sauvetage*, février 1866.

XXIII

NAUFRAGE DU LONDON

RAPPORT DE M. GREENHILL, MÉCANICIEN

Le steamer *London*, qui a péri dans le golfe de
Gascogne pendant le coup de vent du 11 janvier 1866,
avait été lancé il y a deux ans à Blackwall Yard. Le ca-
pitaine Martin, homme de mer doué de capacités re-
marquables, en avait le commandement depuis cette
époque. Ce beau navire s'était acquis une grande ré-
putation comme bâtiment à passagers, à la suite d'un
récent voyage en Australie accompli en cinquante-
neuf jours. C'est le jeudi 28 décembre qu'il sortit du
East Indian Dock. Dans l'après-midi du samedi, il
quitta Gravesend ; mais la nuit ayant mauvaise appa-
rence et le vent soufflant juste debout, il alla mouiller
dans la *Nore*, près de Sheerness, où il resta tout le
our suivant.

Il y avait à bord deux ecclésiastiques, le R. Dr Wooley,

évêque de Sydney, et le R. M' Draper, qui tous les deux prirent part au service divin du dimanche. Le lundi 1er janvier, au point du jour, l'ancre fut levée et le bâtiment commença à descendre la Manche contre une grande brise d'ouest qui ne retardait que faiblement sa marche. En débouquant de l'île de Wight, la brise augmenta jusqu'à devenir presque un coup de vent, et le capitaine Martin jugea prudent de s'abriter pour la nuit dans la baie de Sainte-Hélène. Le matin du 2, le *London* regagna le large avec une petite brise qui ne tarda pas à fraîchir de nouveau. Le jeudi 4 janvier, lorsqu'on arriva en vue de Plymouth, un coup de vent soufflait et la mer était très-grosse.

Un pilote accompagné de son aide se dirigea vers le steamer; à une demi-encablure du navire, la petite embarcation qui les contenait chavira. On mit immédiatement à la mer un canot de sauvetage qui réussit avec beaucoup de peine à recueillir l'aide, mais le pilote ne put être sauvé. Cet événement impressionna péniblement les passagers. On mouilla en dedans du brise-lames, et pendant la soirée on embarqua ceux des passagers qui avaient préféré rejoindre le navire à Plymouth.

Le vendredi 5, le *London* quitta définitivement l'Angleterre et se mit en route à toute vapeur avec une petite brise debout. Le surlendemain du départ, le vent fraîchit et la mer devint très-forte. Un coup de vent se déclara pendant la nuit. Se trouvant assez éloigné des terres, le capitaine prit le parti de stopper la machine et d'établir les huniers pour appuyer le

navire. Vers midi, le temps s'améliora un peu et l'on
se remit en marche doucement. Mais cette embellie ne
fut pas de longue durée; le mardi matin, le bout-
hors de foc, le petit mât de hune, le petit mât de per-
roquet et les mâts de cacatois furent brisés à la fois
par la violence du vent. Ces espars demeurèrent sus-
pendus aux étais et aux galhaubans, billardant contre
le bord avec une telle violence qu'il était impossible
de les saisir. Deux heures après, le grand mât de per-
roquet tombait à son tour et augmentait encore le
désordre. Au milieu de ces péripéties, le capitaine
Martin, qui ne s'était pas couché depuis le dimanche
précédent, était admirable de sang-froid. La tempête
augmentait sans cesse, mais le vent ayant halé un peu
le travers, on continuait à faire route doucement, et il
y a tout lieu de croire qu'à ce moment même personne
à bord ne pensait courir le moindre danger.

Le même jour, vers trois heures après midi, une
lame énorme arracha de ses portemanteaux le bateau
de sauvetage de tribord. Le 10, à trois heures du ma-
tin, l'ouragan ne diminuant pas et la mer étant mons-
trueuse, le capitaine Martin fit appeler M. Greenhill,
le mécanicien en chef, et lui annonça son intention de
laisser porter sur Plymouth en marchant à toute vi-
tesse. Il y avait à peine une demi-heure qu'on était en
route, lorsqu'une autre lame tombant à bord enleva
le *life-boat* de bâbord et remplit le canot suspendu de
ce côté aux portemanteaux. A midi, on se trouvait par
46° 48' de latitude nord et 10° 27' de longitude ouest,
c'est-à-dire à 120 lieues au large à la hauteur de l'île

d'Yeu. Le vent soufflait de l'arrière et la mer venait
du travers, ce qui occasionnait des roulis épouvanta-
bles ; on continua cependant à marcher à petite vapeur
et en route. Le capitaine et les officiers ne quittèrent
pas le pont ; la réputation du capitaine rassurait com-
plétement les passagers. Le soir, à dix heures et demie,
une nouvelle lame déferlant au milieu du bâtiment
tomba sur le rouffle de la machine, plate-forme mesu-
rant douze pieds sur huit, l'effondra entièrement et
remplit d'eau toute cette partie du bâtiment. Aussi-
tôt, avec une vigueur et une promptitude proportion-
née à l'imminence du danger, on fit les plus grands
efforts pour réparer l'avarie. Voiles de rechange, cou-
vertures, matelas, tout fut employé pour masquer cette
ouverture, mais chaque lame qui embarquait balayait
en un instant les objets que l'on cherchait à fixer sur
les débris de cette construction. Au bout de dix minu-
tes, l'eau avait gagné les fourneaux ; les faux-ponts
furent envahis. Chassé par l'eau qui lui arrivait au-
dessus de la ceinture, le mécanicien en chef aban-
donna sa machine et vint sur le pont rendre compte
que ses feux étaient éteints. Le capitaine Martin ré-
pondit avec calme qu'il n'en était pas surpris et que
l'on devait s'y attendre.

Voyant que son navire n'était plus qu'une épave,
il fit établir le grand hunier, espérant ainsi tenir la
cape. Mais cette voile était à peine bordée, que la force
du vent l'arracha en lambeaux, ne laissant qu'un point
sous lequel le navire se maintint tout le reste de la
nuit. Le petit cheval (pompe à vapeur) fut alimenté au

moyen d'une chaudière placée sur le pont, et toutes
les pompes fonctionnèrent sans interruption pendant
la nuit, manœuvrées par l'équipage et par les passa-
gers, dont l'imminence du danger stimulait l'ardeur.
Malgré ces efforts, l'eau gagna encore sur les pom-
pes; la tempête ne faisait qu'augmenter de fureur,
des lames déferlant sans cesse sur le pont venaient
s'engouffrer dans l'ouverture béante du navire. Celui-
ci commença dès lors à s'élever plus difficilement à la
lame, ses mouvements devinrent plus lourds. Enfin
le jeudi 11, à quatre heures du matin, le *London* re-
çut par l'arrière un coup de mer qui, défonçant quatre
sabords, introduisit encore une énorme masse d'eau.
A partir de ce moment, tous les efforts devinrent inu-
tiles, et, au point du jour, le capitaine Martin, dont
la froide intrépidité ne s'était pas démentie un seul
instant, entra dans la salle où les passagers s'étaient
réfugiés, et, répondant à un appel général, annonça
avec calme qu'il ne restait plus rien à espérer des
hommes. Chose remarquable, cette solennelle décla-
ration fut reçue avec une égale solennité, et le silence
de la résignation qui régnait dans l'assemblée ne fut
plus troublé, de moment en moment, que par les
exhortations du R. M* Draper, qui, depuis vingt-quatre
heures, ne cessait de donner des secours spirituels. A
dix heures, le bâtiment roulant encore lourdement,
on tenta de lancer le canot de tribord; mais atteint
par un brisant au moment où il touchait l'eau, il coula
aussitôt en laissant cinq hommes se débattre avec la
mort. Comme le navire ne marchait plus, trois par-

vinrent à se raccrocher au bord et les deux autres furent sauvés par des cordes qu'on leur jeta. Depuis
lors l'équipage exténué sembla indifférent à son sort
et l'on ne tenta même pas d'armer l'une des embarcations qui restaient. Vers une heure, le navire se trou-

Naufrage du *London* (10 janvier 1866).

vait enfoncé jusqu'à la hauteur des porte-haubans ; il
devint évident qu'il coulait ; la chaloupe fut mise à la
mer. A ce moment-là même, ce moyen de salut paraissait si précaire, que cinq des passagers, placés à
portée d'en user, semblèrent préférer le misérable
abri que leur offrait un bâtiment qui s'enfonçait sous
leurs pieds aux dangers évidents qu'allait courir une

frêle embarcation dans une mer déchaînée. Le capitaine Martin, toujours à son poste, s'adressant alors à M. Greenhill, mécanicien en chef, auquel revenait le commandement de ce canot, lui dit : « Il y a peu de chances pour l'embarcation ; il n'y en a pas pour le navire. Vous avez rempli votre devoir, le mien est de rester ici : embarquez-vous donc, et prenez le commandement du petit nombre de personnes qu'elle pourra contenir. » M. Greenhill s'embarqua avec dix-huit personnes, parmi lesquelles se trouvaient seulement trois passagers de deuxième classe, et quitta le bâtiment. Il emportait pour toute provision un peu de biscuit et n'avait pas une goutte d'eau. La chaloupe était à peine sortie de la houache du navire, sur l'arrière duquel une cinquantaine de personnes s'étaient réunies, qu'une véritable trombe d'eau s'abattit sur ces malheureux, qu'elle entraîna en se retirant. Le *London* se releva lentement et pour la dernière fois ; un instant après il s'enfonça par l'arrière en lançant sa proue dans les airs et disparut dans l'abîme.

La chaloupe, n'ayant pas de voiles, put seulement se maintenir à flot vent arrière, exposée à chaque instant à être submergée. Deux heures plus tard, elle croisait un navire, mais à une distance trop grande pour le héler. Le vendredi 12 janvier, à trois heures du matin, les naufragés aperçurent les voiles d'un brick dont l'équipage, ayant sans doute entendu leurs cris, laissa porter sur eux ; mais l'obscurité de la nuit empêcha d'apercevoir leur embarcation, et après avoir couru inutilement plusieurs bordées le brick s'éloigna. Au point du jour, on aperçut un grand côtre à bonne distance, dont on essaya, mais en vain, d'attirer l'attention au moyen d'une chemise placée au bout d'un bâton. Enfin bientôt après, le trois-mâts-barque italien *Marianople*, capitaine Carassa, venant de Constantinople avec un chargement de blé pour Cork, passa en vue, et le capitaine, ayant aperçu la chaloupe, s'en approcha, réussit à recueillir les malheureux qu'elle portait, leur prodigua tous les soins dont ils avaient besoin et partagea avec eux le peu de provisions qu'il avait à bord. La force de la tempête l'avait contraint à jeter la moitié de sa cargaison à la mer; et durant les quatre jours que le brick mit à atteindre Falmouth, le mauvais temps enleva son gouvernail et rendit fort utile l'assistance des passagers anglais[1].

[1] *Annales du sauvetage.*

XXIV

NAUFRAGE DU JEAN-BAPTISTE

RELATION DU CAPITAINE

Après trois mois et demi d'une traversée marquée par des coups de vent presque incessants, le trois-mâts *le Jean-Baptiste*, se rendant de Pisagua à Bordeaux, fut assailli, en mars 1867, par un violent cyclone dans les parages des Açores. Déjà, en doublant le cap Horn, une voie d'eau s'était déclarée dans la coque; mais grâce à une pompe puissante, l'équipage avait pu maintenir le navire à flot. Pourtant, depuis quelques jours, cette voie d'eau augmentant, on avait dû jeter à la mer une partie de la cargaison. Nous laissons le capitaine du *Jean-Baptiste* faire lui-même l'émouvant récit des dangers auxquels lui et son équipage n'échappèrent que par une sorte de miracle.

« Le 17, à une heure du matin, un ouragan furieux

se déclare ; réduit la voilure ; mis en cape sous les huniers bas. A huit heures du matin, tourmente de vent ; la mâture en est toute tordue ; le baromètre est descendu à 714 millimètres ; réussi à serrer le petit hunier ; pompé constamment ; la mer est démontée. De midi à quatre heures, tous les bastingages sont enlevés ; les coups de mer brisent à bord comme sur des roches ; tout l'équipage est aux pompes ; il a été impossible de les maintenir franches ; descendu dans la cale ; l'eau est au-dessus des carlingues et gagne constamment. A six heures du soir, le petit foc, quoique tout neuf, est enlevé ; il n'y reste que les ralingues ; tout est balayé sur le pont ; la mer emporte tout, jusqu'au logement de l'équipage : le navire s'abîme.

« Nous sommes perdus sans ressource. Deux mètres d'eau dans la cale ; la tourmente m'enlève encore mon foc de cape d'artimon, et mon grand hunier commence à partir : notre heure est arrivée. Mais la Providence veille sur nous. A soixante lieues, dans l'est, se trouve également un navire qui est aussi en cape, abîmé par la tempête ; quoique chargé légèrement, il ne résiste plus à la tourmente. Ce navire est près d'engager ; le capitaine se décide à fuir vent arrière pour le salut commun ; depuis la veille au matin, six heures, il a franchi dans l'ouest la distance qui nous séparait, et vient nous apparaître comme un sauveur et comme seul moyen de salut. Je mets le pavillon en berne ; la *Léonie*, c'est le nom du bâtiment commandé par le capitaine Broutelle, manœuvre immédiatement pour se mettre sous le vent du *Jean-Baptiste*. Je prends

l'avis de l'équipage pour abandonner le navire : tous
sont de mon avis, qui est que sous peu il sombrera.

« Alors commence une scène aussi émouvante qu'on
puisse l'imaginer. L'ouragan, encore furieux, rend la
mer si grosse qu'il serait impossible de songer à met-
tre une embarcation à l'eau ; d'un autre côté, le
navire, coulant sous nos pieds, ne me laisse aucune
alternative. La *Léonie* nous envoie des bouées, des
échelles, tout ce qu'on possède à bord pour être mis
à la traîne comme va-et-vient : nous ne pouvons rien
attraper. Voyant cela, je me décide au dernier moyen
de salut : une de mes embarcations est mise à l'eau,
et, après avoir couru les risques de se briser vingt fois
le long du bord, huit hommes réussissent à s'y em-
barquer ; mon second est dedans ; ils partent vent
arrière, disparaissent et reparaissent bientôt entre les
montagnes d'eau qui séparent les deux navires ; ils
accostent sous le vent de la *Léonie*, ils me paraissent
sauvés ; peu après, je vois mon canot filer sur une
amarre, à l'arrière de ce navire. Mon anxiété est
grande.

« Je ne comprends pas cette manœuvre : sans doute
personne n'ose plus venir à notre secours. Mais on
essaye de nous renvoyer le canot en le laissant couler
sur une amarre. Cette opération échoue. Il faut abso-
lument tenter de nous rapprocher. Le *Jean-Baptiste*,
quoique à moitié plein d'eau, sent encore un peu son
gouvernail. Je laisse porter ; la *Léonie* en fait autant
pour passer à mon avant. La manœuvre allait se ter-
miner heureusement, lorsqu'une lame énorme prend

la *Léonie* par l'arrière et la fait lancer dans le vent : un abordage devient imminent. Je mets toute la barre dessous; le navire n'obéit plus et tombe sur l'avant de la *Léonie*, casse son bâton de foc, son petit mât de perroquet, hache son gréement de l'avant, déchire le cuivre de la muraille. Quelques secondes encore, et les bâtiments vont se défoncer et s'engloutir. La Providence veut qu'il n'en soit rien. Les deux navires se séparent.

« Deux de mes hommes ont sauté sur la *Léonie* au moment du choc; nous ne restons plus que quatre. La roue de mon gouvernail est brisée; les débris de la baume et de la corne, qui fouettent en pendant, empêchent d'approcher du gouvernail; une demi-heure se passe avant que je puisse faire couper tout ce qui les retient à bord.

« Enfin, je puis m'approcher du gouvernail; la barre est mise pour aller rejoindre la *Léonie*, qui a beaucoup dérivé sous le vent et se trouve déjà à une assez grande distance. Après une heure d'attente, je me vois de nouveau à deux encablures de ce navire. Malheureusement, mon canot a sombré, je suis désespéré. Il y a encore une baleinière à bord de la *Léonie*. Au bout de quelque temps, je vois manœuvrer pour sa mise à l'eau; cinq hommes s'y embarquent, sans hésiter devant le péril auquel ils s'exposent, pour essayer une dernière fois de nous sauver. Ils arrivent sous le vent à nous. Là, nouvelles difficultés et nouveaux dangers. Le *Jean-Baptiste* roule comme une barrique, les lames le couvrent de l'avant à l'arrière;

la cale était remplie d'eau : l'un de mes. hommes est
obligé de se jeter à la mer pour gagner le canot. Nous
parvenons tous à y embarquer, et nous fuyons aussitôt
vent arrière.

« Pendant ce temps, la *Léonie* s'était vue sur le

Naufrage du *Jean-Baptiste* (mars 1867).

point d'essuyer un second abordage. Après l'avoir
évité, elle avait laissé porter pour rejoindre le canot
de sauvetage, et avait repris la cape. Nous l'accostons
sous le vent ; on nous lance des cordes auxquelles
nous nous accrochons ; au moment où nous mettons
le pied sur le pont du navire, l'embarcation se brise
le long du bord, sans qu'on puisse la sauver. Il était

une heure de l'après-midi : depuis sept heures nous luttions contre la mort. »

Malgré ses avaries, la *Léonie* résista encore heureusement à la tempête pendant vingt-quatre heures ; puis le temps s'améliora, et le 25 mars le capitaine Broutelle débarqua au Havre les quinze naufragés du *Jean-Baptiste*[1].

[1] Le comité de la Société centrale de sauvetage a décerné une médaille d'honneur au capitaine Broutelle, et aux braves marins qui avaient été dans leur baleinière recueillir les derniers naufragés.

XXV

Le 14 septembre 1869, après une journée de cha-
leur accablante, le vent s'éleva tout à coup dans la
nuit et souffla bientôt en tempête. Le trois-mâts an-
glais *le Parangon*, se rendant à Nord-Shields avec un
plein chargement embarqué à Alméria, traversait la
Manche, lorsqu'il fut assailli par cette bourrasque. Le
capitaine aperçut les phares d'Étaples, les prit pour
des feux anglais, et vira le bord de manière à les lais-
ser sur sa gauche. A ce moment, le matelot William
Duncan s'approcha de lui et l'avertit qu'il faisait
fausse route. Un instant après, le navire, poussé par
d'énormes lames, toucha si violemment, que l'équi-
page crut avoir heurté contre des rochers.

Il était une heure du matin. La coque s'ouvrit pres-
que immédiatement et se disloqua. L'équipage avait
eu le temps cependant de se jeter dans un canot; mais

à peine avait-on débordé que plusieurs lames le rem-
plirent, le chavirèrent et le roulèrent. Duncan se mit
à nager, tout en se débarrassant de ses vêtements au
moyen d'un couteau dont il avait eu la précaution de
se munir lorsqu'il avait jugé le naufrage inévitable.
Il sentit bientôt un de ses compagnons d'infortune
s'accrocher à lui, en le suppliant de le sauver. « Mon
ami, lui dit-il, si tu restes sur moi quelques secondes
encore, nous périssons sûrement tous les deux ; et
puisque seul je sais nager, laisse-moi essayer de me
sauver. — C'est vrai, lui dit son camarade, tu as
raison... Adieu ! » et la mer engloutit cette épave vi-
vante.

Après deux heures de mortelles angoisses et de
luttes désespérées, le malheureux naufragé finit par
gagner la terre. Il était à peine trois heures du matin.
La nuit était obscure, la plage déserte, et la tempête
balayait sur la grève de véritables flots de sable. Dun-
can se traîna avec peine jusqu'à l'hôpital récemment
bâti à Berck par l'Assistance publique pour les en-
fants malades de la ville de Paris. Il frappa et appela
inutilement ; les hurlements de la tempête couvraient
le bruit de sa voix. Il se dirigea alors vers le phare,
dont il apercevait la lumière ; pendant ce trajet, il
heurta de ses pieds un madrier garni de clous et se
blessa profondément ; il poursuivit néanmoins, en s'ai-
dant de ses mains. Le phare est situé sur une hau-
teur, entourée de grandes herbes coupantes et piquan-
tes ; on ne comprend pas qu'au milieu de la tourmente,
et affaibli comme il était, Duncan ait pu gagner cet

endroit, dont l'accès est difficile même en plein jour.
Il tomba épuisé contre la porte du phare, en appelant
au secours ; la porte s'ouvrit aussitôt. M. Ledoux, gar-
dien du phare, le transporta dans sa chambre, se dé-
pouilla de ses vêtements pour l'en couvrir, le fric-

Naufrage du *Parangon* (septembre 1869).

tionna devant un bon feu, lui fit boire du vin chaud,
et ramena chez lui la chaleur et un peu de force. A
peine Duncan eut-il repris ses sens, qu'il s'écria,
comme sortant d'un rêve : « Mais j'ai des camarades ;
il faut aller les chercher ! »

Aussitôt ils prennent des couvertures et partent tous
les deux pour aller explorer la grève. A la lueur va-

cillante du fanal dont ils se sont munis, ils découvrent un homme dont la tête et la moitié du corps sont enfouis dans le sable, et ne donnant plus signe de vie. Duncan reconnaît John Stephenson, charpentier du *Parangon*. On le frictionne, on l'enveloppe dans des couvertures. Le jour commençait à poindre ; l'hôpital s'ouvre cette fois à l'appel des courageux sauveteurs ; un médecin arrive, et, grâce à une médiation énergique, Stephenson se trouve bientôt hors de danger.

Lorsque le jour se fit complétement, un spectacle navrant s'offrit aux regards. Sur une étendue de trois kilomètres, la plage était couverte d'épaves de toute sorte. La dunette était intacte sur la plage, comme si on l'eût sciée en travers et déposée là. On apercevait la carcasse ensouillée dans le sable, et lorsqu'elle fut allégée des saumons de plomb qu'elle contenait, la marée montante la jeta sur la côte. La force des lames avait été telle, que d'énormes morceaux de fer et de cuivre, servant à relier les différentes parties du navire et ayant 8 centimètres d'épaisseur, se trouvaient brisés comme du verre. Il en était de même des saumons de plomb tordus, recourbés et comme fondus dans des moules à formes bizarres. La bourrasque dura deux jours et une nuit ; dans le pays, on ne se souvient pas d'avoir vu, depuis plus de trente ans, une tempête aussi violente.

L'équipage du *Parangon* se composait de onze hommes ; Duncan et Stephenson ont seuls échappé au désastre. Ils sont restés à Berck pendant dix jours, nourris et soignés à l'hôpital, et recevant de la population et des baigneurs l'accueil le plus sympathique. Duncan surtout attirait l'attention par sa physionomie pleine d'expression, par l'énergie et le courage dont il avait fait preuve.

Tout le monde rendait également justice au gardien du phare, sans le dévouement duquel les deux survivants du *Parangon* eussent infailliblement péri. Ce ne sont pas, d'ailleurs, les premiers naufragés qui lui doivent la vie. On cite, à Berck, bien des actes de sauvetage accomplis par ce brave gardien, et l'on sait que la porte du phare est toujours prête à s'ouvrir pour donner asile et secours aux marins que sa lumière n'a pas éloignés du danger[1].

[1] *Annales du sauvetage.*

XXVI

Le journal *les Antilles* a donné la description suivante de ce terrible ouragan, durant lequel un grand nombre de bâtiments se sont perdus à Saint-Pierre (Martinique) :

Saint-Pierre, 10 septembre 1872.

Hier lundi, à deux heures de l'après-midi, notre rade a été le théâtre d'un sinistre qui marquera d'un souvenir néfaste la date du 9 septembre 1872.

Trois navires long-courriers français, dont deux avaient leur plein chargement, deux bricks-goëlettes, une goëlette et deux côtres anglais, cinq caboteurs de l'île, une goëlette vénézuélienne, quinze gabarres, plusieurs chalands, deux chaloupes à vapeur, des embarcations de petite dimension, quantité de marchandises, denrées coloniales et produits importés : voilà ce que coûte à notre port l'impétueuse bourrasque qui s'est déchaînée sur elle pendant quelques heures, accumulant dans ce court espace de temps des pertes qu'on ne peut chiffrer à moins de douze ou quinze cent mille francs.

A ces dommages matériels ne s'arrête pas le désastre. Plusieurs victimes ont péri dans les flots, sur nos plages hospitalières et calmes ordinairement.

Nous sommes encore au milieu et sous le coup de ce sinistre, et le spectacle continue à l'heure où nous écrivons. Le ciel est gris et terne. De nombreux nuages amoncelés au-dessus de l'horizon semblent n'attendre que le signal et l'impulsion pour se précipiter de nouveau sur le port. La mer soulevée déferle en vagues furieuses, pulvérisant sous son écume les carcasses dispersées sur la côte. De l'extrémité de la Galère à la plage du Mouillage sont jalonnées, dans la rigidité du naufrage, les coques fracassées des navires, bricks, goëlettes, chalands jetés à la plage par la violence du vent. A la place Bertin, dans les rues voisines d'un échouement, sur le rivage, dans la mer, gisent ou flottent, dans un indescriptible pêle-mêle, des débris de mâture, des fragments de carènes, des voiles, des cordages, des marchandises, d'énormes poutres, des objets de toutes sortes. Et la rade entièrement dépouillée ne présente plus au regard que six navires rejetés de leur ligne, chassés dans des directions contraires, et soutenus par leurs chaînes.

Tel est le spectacle ! La désolation, un désordre informe, la trace dévastatrice du fléau, là où, il y a trois jours, s'épanouissaient la vie et l'harmonieuse activité

du travail! Trois heures ont suffi pour produire d'ir-
réparables malheurs, et la nuit a achevé l'œuvre de la
destruction. Nous allons raconter, pour ceux qui n'y
ont pas assisté, cette scène émouvante.

Dès hier matin, le temps s'annonçait menaçant, le
baromètre marquait une forte dépression, le vent
soufflait à l'ouest, mais sans violence. A neuf heures,
on recevait de la Barbade et de Saint-Vincent, par le
télégraphe, avis qu'une bourrasque venait de jeter à
la côte trois navires dans la première de ces deux îles,
et sévissait avec fureur dans l'autre. Entre midi et
deux heures, le vent augmentait, le ciel était chargé
de nuages épais; lorsqu'à deux heures, le vent passa au
sud. A deux heures et demie environ, nous vîmes venir
de cette direction le premier grain, véritable muraille
blanche, poussant la pluie et soulevant la mer; c'était
le commencement de la bourrasque. Déjà les navires
avaient tendu sur leurs bouées des aussières protec-
trices; quelques caboteurs essayèrent d'appareiller.

Le vapeur *le Saint-Pierre*, parti à deux heures mal-
gré le danger imminent, luttait avec persistance; le
vent arrivait en ce moment en plein sur la rade et dans
la ville, la pluie tombait à torrents, poussée comme
une grêle, douloureuse au visage. Les navires chas-
saient sur leurs ancres. Il était deux heures trois
quarts. Le *Marseillais*, cassant sa chaîne le premier,
échouait en face de la rue d'Orange; dans le même
moment, le *Voyageur*, longtemps soutenu, dériva et
vint se jeter devant la rue de l'Hôpital. Le *Jemmy*,
entièrement chargé, prêt à partir dans cette journée,

et déjà amarré sur la bouée, n'attendait que les dernières formalités pour appareiller, quand la bourrasque l'a surpris. Ses amarres ayant cassé, il a dérivé, décrivant une courbe énorme, de la rade au mouillage des Américains. En vain une première, une seconde ancre sont jetées; deux fois les chaînes cassent et le malheureux navire, privé de toutes ressources, malgré l'habileté et les efforts de son équipage, poursuit cette course effrayante, heurtant à son passage le vapeur l'*Islesman*, qu'il entraîne, et tous les bâtiments placés sur sa route. Enfin il s'approche du rivage, où il échoue, à la hauteur du magasin Azevedo. Un va-et-vient est immédiatement organisé ; on sauve l'équipage, puis on s'occupe de sauver les effets, les choses précieuses. Dans le même moment, les bricks-goëlettes anglais le *Wilfred* et l'*Alice Mand* se jetaient à la côte l'un près de l'autre, accompagnés ou suivis de l'*Emerald*, du *Chickenhazard*, du *Canouan* et de trois ou quatre caboteurs coloniaux. Partout le vent brisait sur son passage l'inutile résistance des chaînes et des ancres.

Les gabarres éventrées s'échouaient ou coulaient. Au milieu de ces désastres, on tremblait pour les autres navires arrivés déjà presque au rivage et suspendus encore à leurs chaînes. L'*Élodie*, l'*Edmond-Gabriel* semblaient devoir échouer à chaque instant.

Le bateau *le Vengeur*, surpris à son arrivée par la bourrasque, essaye en vain de résister et mouille; mais sa chaîne se rompt et il va se jeter au Fonds-Coré, où il est mis en pièces en quelques instants. Le péril est grave pour l'équipage et les passagers. Les

pêcheurs de la côte se dévouent et réussissent à sauver.
presque tout le monde.

A cinq heures, le vent qui avait paru un instant
faiblir reprend avec une nouvelle force ; des grains
furieux arrivent du sud ; les arbres sont dépouillés,
les rues jonchées de feuilles, de branches ; les toits
perdent leurs tuiles, la pluie inonde les rues, une
recrudescence est incontestable. On répand le bruit
que le *Saint-Pierre* a sombré devant Carbet, mais que
l'équipage et les passagers sont sauvés. La nouvelle
était inexacte.

Vers cinq heures, le petit vapeur paraissait dans le
sud et s'attachait à la dernière bouée. C'était déjà un
grand bonheur, mais qu'adviendrait-il dans la nuit des
dix-huit passagers emprisonnés sur cette faible coque !

Dès le commencement du sinistre, le commandant
du port, le capitaine Leyritz et le premier pilote se
multipliaient, allaient, couraient d'un point à un au-
tre, donnant des ordres, organisant des secours, ten-
dant des aussières. L'administration de la marine, aidée
par la population, organisait le sauvetage. Partout la
bonne volonté, l'empressement répondaient aux poi-
gnantes nécessités de la situation.

Les premières heures étaient passées, on avait déjà
subi bien des désastres, mais restait la nuit, la nuit
noire sur une mer qui, longtemps hachée par le vent,
s'élevait vers neuf heures du soir en lames effrayantes
au moment où la tempête mollissait. Sous l'effort de
ces vagues, le *Jemmy* est mis en pièces, et l'on n'en
trouve plus vestige le matin. Un dernier naufrage a

Ouragan à la Martinique (9 septembre 1872).

marqué cette nuit d'angoisse : la goëlette vénézué-
lienne *Eloïsa*, longtemps soutenue par sa chaîne, mais
battue par la vague, a fait côte dans la soirée.

La nuit ne compta pas de nouveaux sinistres. Ce
matin, une accalmie sérieuse avait succédé à la bour-
rasque. On pouvait organiser le sauvetage. Des passa-
gers du *Saint-Pierre*, huit avaient pu débarquer hier,
les autres prenaient terre ce matin de bonne heure,
après une nuit d'horribles anxiétés.

Les symptômes cependant ne manquaient pas d'in-
quiéter, et le télégraphe nous annonçait qu'à neuf
heures le vent reprenait avec plus de violence à Saint-
Vincent. Dans la journée, nous apprenions que la Do-
minique et la Guadeloupe avaient également souffert.
A la Basse-Terre et à Roseaux, beaucoup de navires à
la côte ; mais à Roseaux, où le désastre a eu lieu mal-
heureusement pendant la nuit, on compte de nom-
breuses victimes. Les détails manquent.

11 septembre.

Les avis des îles voisines nous donnent la certitude
que les Petites Antilles se sont trouvées, le 9 et le 10,
dans le rayon d'un cyclone qui a dû aller se perdre
dans l'Atlantique. En effet, le 9, de bonne heure, la
Barbade, Saint-Vincent, Sainte-Lucie, étaient sous l'é-
treinte du fléau qui s'abattait sur nous entre deux et
trois heures du soir. Dans la nuit du 9 au 10, la Do-
minique était frappée, et dans la matinée du 10 la
Basse-Terre avait son tour.

XXVII

PERTE DU NORTHFLEET

Dans la nuit du mercredi 22 janvier 1872, un trois-mâts anglais, *le Northfleet*, a été abordé par un vapeur inconnu près de Douvres, et a coulé bas presque immédiatement. Les journaux de Londres ont donné les détails suivants sur cette épouvantable catastrophe :

Le *Northfleet*, navire d'émigrants de 750 tonneaux, transportait à Hobart-Town 350 passagers avec des femmes et des enfants et 40 hommes d'équipage. Par suite d'un curieux incident, le capitaine qui le commandait depuis cinq ans avait été remplacé par le second. Au moment de quitter les docks, le capitaine Oates avait été retenu par un mandat judiciaire le citant comme témoin.

Accueilli devant Gravesend par un très-gros temps, le *Northfleet* s'abrita sous le cap Northforeland et y resta le mardi 21. Le temps s'étant remis, on descendit le canal et on passa devant Deal. Le lendemain

soir, on était bien ancré en vue de Dungeness par une
assez belle nuit. Les passagers étaient descendus et il
ne restait plus sur le pont que les officiers et les hom-
mes de service. A 11 heures sonnant, la vigie aperçut
un gros bâtiment à vapeur qui s'avançait droit sur le
Northfleet à toute vitesse. Ses cris d'avertissement fi-
rent monter le capitaine Knowles sur le pont, où il
arriva au moment même où le steamer défonçait son
navire et perçait la coque au-dessous de la ligne de
flottaison. Après ce choc terrible, le steamer se dé-
gagea et disparut rapidement sans que son équipage
parût porter la moindre attention aux cris d'épouvante
qui partaient du bâtiment abordé.

Les survivants comparent le bruit produit par le
choc à un coup de canon. On juge du réveil des passa-
gers! Une panique terrible s'ensuivit, dans laquelle
le capitaine Knowles ne perdit pas son sang-froid; il
fit lancer des fusées, commanda la mise à l'eau des
canots et veilla à ce que les femmes et les enfants fus-
sent les premiers mis en sûreté. L'ordre en vertu du-
quel leur salut devait être d'abord assuré fut l'objet
d'une sorte de révolte. Des luttes s'ensuivirent, à ce
point que le capitaine Knowles n'hésita pas à menacer
de son revolver les hommes qui s'opposeraient à la
mesure qu'il avait prescrite. Son attitude résolue im-
posa à tout le monde, excepté à un seul homme qui
refusa d'obéir et sur lequel il déchargea son arme. La
balle le frappa au-dessus du genou. Cet acte de vigueur
ramena l'ordre parmi l'équipage et les passagers.

Cependant le jeu des pompes était sans utilité et

l'eau s'engouffrait rapidement par la brèche faite dans
le flanc du navire. La scène devint alors indescriptible.
Partout des cris de désespoir, des femmes qui appe-
laient en vain leurs maris, des mères qui avaient perdu
leurs enfants: Les ténèbres de la nuit ajoutaient à l'hor-
reur du spectacle.

On essaye de lancer à la mer la grande chaloupe,
remplie de femmes au nombre desquelles se trouvait
celle du capitaine; mais, par suite d'un accident, on
est obligé de la remonter. C'est alors seulement que le
vapeur *la Cité de Londres*, qui avait aperçu les signaux
de détresse, vient en toute hâte sur le lieu du sinistre.
Il réussit à recueillir la plupart des personnes qui se
trouvaient dans la chaloupe, plus heureusement mise
à la mer cette fois. Il recueille également plusieurs
passagers et des hommes de l'équipage qui se sont
jetés à la mer : trente-quatre personnes en tout. La
Cité de Londres a continué à croiser sur le lieu du
naufrage jusqu'au jeudi matin, sauvant ceux qui avaient
pu se soutenir au moyen des épaves du navire. Le
lougre *Mary* a également recueilli trente des malheu-
reux passagers. Le côtre-pilote de Londres n° 3, et la
Princesse, stationnée à Douvres, se sont aussi portés
sur le théâtre du sinistre et ont réussi à sauver vingt
et une personnes, dont dix s'étaient réfugiées sur des
agrès.

Le pilote de service s'appelait George Drock. Il était
dans l'entre-pont au moment de la collision et se pré-
cipita sur le pont en même temps que le capitaine. Il
l'a vu déployer un sang-froid et une présence d'esprit

extrêmes, et montrer la plus grande anxiété pour les personnes qui n'étaient pas en état de pourvoir elles-mêmes à leur salut.

Lorsque le navire s'engloutit, le capitaine était à son poste ; un des survivants se tenait auprès de lui au moment suprême. Il le vit s'emparer d'un objet flottant et se soutenir quelque temps à la surface ; mais il disparut bientôt et n'a pas été retrouvé. Le pilote et dix autres personnes furent recueillis dans la hune du mât de misaine.

Parmi les rares personnes échappées à la mort, on cite une petite fille de dix ans, inconnue de tout le monde. Elle raconte que son père l'avait mise dans le bateau, lui disant qu'il allait chercher sa mère, mais qu'il n'était pas revenu.

Soixante des passagers sauvés ont pris le train pour Londres dans la journée de jeudi. Ils ont été entourés des témoignages les plus vifs de sympathie par la foule qui se pressait autour d'eux.

La jeune femme du capitaine, Mme Knowles, a reçu un télégramme du propriétaire du navire, M. Patton, qui parle en termes éloquents du dévouement et du courage de son mari. Il lui exprime la plus vive sympathie pour sa douleur. Tous les officiers sont morts.

Le ministère du commerce (*Board of Trade*) a offert une récompense de cent livres sterling (2,500 fr.) à celui qui découvrirait le nom du navire auteur de la collision. MM. Edwin Clark, Gunchard et Cie offrent une somme égale ; la plupart des naufragés faisaient partie de leur maison et allaient construire un chemin de fer dans la colonie anglaise de Tasmanie. Le *North-fleet* portait une cargaison de rails pour ce chemin, et cette lourde charge accéléra sa perte.

Le vapeur inconnu était le *Murillo*, de nationalité espagnole, dont on a pu suivre les traces et qui a été saisi dans le port de Cadix.

Nous ajouterons à ce récit un résumé de l'émouvante déposition faite par le maître d'équipage du *Northfleet* devant le coroner :

A huit heures, le soir de la catastrophe, nous étions commodément ancrés dans la baie de l'Est, en vue du phare, et en compagnie de deux cents autres navires. Les matelots de quart prirent la veille de nuit, et passagers et équipage rentrèrent dans leurs cabines pour se coucher. Le maître d'équipage resta sur le pont jusqu'à environ dix heures et demie, et après avoir remarqué que la nuit, bien qu'obscure, était relativement belle, il descendit se mettre au lit. Il n'y avait pas vingt minutes qu'il était couché qu'il entendit l'homme de veille crier : « Steamer, faites attention ! »

Ce cri ne reçut aucune réponse, et au moment où la sentinelle le répétait, le navire fut ébranlé dans toutes ses membrures par un choc terrible. Le maître d'équipage se précipita sur le pont, et la première personne qu'il aperçut fut le capitaine. « Tout l'équipage sur le pont, s'écria ce dernier, et aux pompes! » Il devait être onze heures.

Comme il courait pour appeler l'équipage, le contre-

maître vit distinctement la coque noire d'un grand va-
peur passant lentement à l'arrière.

Les passagers, terrifiés, s'étaient jetés à bas de leurs
lits et encombraient le pont du navire, surtout du côté
où se trouvait le vapeur, en criant : « Sauvez-nous !
sauvez-nous ! nous sombrons ! »

Le capitaine et le pilote, montés dans les haubans
du mât de misaine, priaient instamment le navire qui
s'éloignait de s'arrêter. Mais il ne leur fut pas répondu
un seul mot, et le vapeur continua sa route, laissant
le bâtiment qu'il venait d'enfoncer à la merci des flots.

Alors le capitaine, se voyant abandonné, ordonna
au maître d'équipage et au pilote de descendre dans
la cale pour s'assurer de l'étendue du mal, tandis que
lui-même allait au milieu des passagers et tâchait de
rétablir un peu d'ordre.

Un seul coup d'œil jeté sur l'ouverture faite au flanc
du navire suffit pour prouver l'inutilité du travail des
pompes. L'eau entrait par tonnes. Le maître d'équi-
page remonta sur le pont et fit son rapport au capitaine,
alors à la poupe, où il aidait à tirer des fusées en signe
de détresse.

« Chargez le canon, contre-maître, et faites feu,
dit le capitaine, puis lancez les chaloupes, c'est tout
ce qui nous reste à faire. »

Si l'on avait pu tirer le canon, le bruit de la dé-
charge aurait attiré l'attention des navires ancrés à
proximité, qui confondirent les fusées avec des si-
gnaux demandant un pilote. Ces navires n'auraient pu
se tromper sur la signification, les vaisseaux mar-

chands ne tirant jamais le canon pour appeler le pi-
lote. Mais le refouloir se brisa, et il fut impossible de
charger. Il ne restait plus d'autre ressource que les
chaloupes.

Déjà cette idée s'était emparée des passagers, qui,
dans une lutte désespérée, se précipitaient vers ces
embarcations, pendant que le capitaine suppliait et
menaçait tour à tour pour obtenir qu'on ouvrît passage
aux femmes et aux enfants. Si les malheureux passa-
gers avaient conservé leur calme, il était possible de
les sauver tous. Nous avions assez de canots pour les
transporter sur le remorqueur qui était près de nous.
Mais il était inutile de chercher à leur faire entendre
raison. L'épouvante les avait rendus fous. Lorsqu'on
mit la chaloupe à la mer, ils s'y jetèrent en foule
aussitôt qu'elle eut touché l'eau. Le capitaine m'avait
confié sa femme, j'attendais ses ordres, avirons en
main ; il s'approcha du bord et je lui dis que nous
coulions.

« Partez, répondit-il, et que Dieu vous protège ! »

Je ne le revis plus ; cependant au moment où nous
touchions le remorqueur, je retournai la tête et je l'a-
perçus à la poupe, à son poste, avec le docteur. Tout
le navire était éclairé des feux qu'on avait allumés et
l'on voyait les gens sur le pont comme s'il avait fait
grand jour. Leurs cris étaient épouvantables. Encore
deux ou trois coups d'aviron et nous étions à bord du
vapeur à l'ancre. Alors je me retournai de nouveau,
mais les lumières étaient éteintes, les cris avaient
cessé, le *Northfleet* avait disparu....

XXVIII

PERTE DU FORFAIT

Le 21 juillet 1875, l'escadre d'évolution de la
Méditerranée, sous le commandement de l'amiral de
la Roncière montant le vaisseau *le Magenta*, se trou-
vait près des côtes de la Corse, lorsque dans une
évolution l'aviso à vapeur *le Forfait* fut abordé
par la frégate cuirassée *la Jeanne-d'Arc*, dont l'épe-
ron lui défonçait le flanc au-dessus de la flottaison.
L'eau pénétrait à flots dans l'intérieur du navire qui
s'enfonçait rapidement. Son commandant, le capi-
taine de frégate Vivielle, jugeant la perte du *Forfait*
certaine, et uniquement préoccupé du salut de son
équipage, ordonna à tous ceux qui savaient nager de
se jeter à la mer, obligeant les autres à quitter aussi
le bâtiment, muni chacun d'un espar qui pût les sou-
tenir sur l'eau. Le lieutenant de vaisseau Rocher, se-
cond du *Forfait*, se jetait à la mer pour rejoindre ses

matelots et veiller à ce que les canots qu'on avait pu débarquer ne fussent pas envahis.

Le commandant Vivielle, qui n'avait pas quitté la passerelle, abandonna le dernier son bâtiment en se jetant à la mer pour gagner la baleinière de la *Jeanne-d'Arc*. A peine cette embarcation s'était-elle éloignée que le *Forfait* s'enfonçait complétement dans l'eau, moins d'un quart d'heure après son abordage.

Les dépositions de nombreux témoins entendus par le conseil de guerre assemblé pour juger le commandant du *Forfait*, faisaient clairement ressortir que la manœuvre de la *Jeanne-d'Arc* avait été ce qu'elle devait être. Dans son rapport au vice-amiral commandant l'escadre, le commandant Vivielle avait d'ailleurs constaté lui-même qu'il s'était aperçu trop tard du danger que faisait courir au *Forfait* la route suivie par cet aviso par rapport à la *Jeanne-d'Arc*..

Après le prononcé du jugement qui acquittait à l'unanimité le commandant Vivielle, défendu avec une généreuse éloquence par le capitaine de vaisseau Devarenne, le contre-amiral de Surville, président du conseil, s'adressait à lui en ces termes : « Commandant, une fausse appréciation de distance vous a fait commettre une erreur de manœuvre que vous avez loyalement reconnue. Avec nos anciens bâtiments, il en serait résulté, sans doute, une avarie insignifiante, dont on aurait à peine parlé ; avec l'éperon qui est aujourd'hui un danger permanent, même dans la navigation ordinaire des escadres, il s'en est suivi les plus fatales conséquences.

« Néanmoins le conseil a trouvé que ni les ter-
mes, ni les sévérités de la loi ne pouvaient s'appli-
quer à un officier dont le passé n'a-été qu'un témoi-
gnage constant de capacité, de zèle et de dévouement.

« Ce qui l'a surtout bien disposé en votre faveur,
c'est la franchise de vos déclarations et votre attitude
dans les débats, c'est le sang-froid et le courage dont
vous avez fait preuve après l'abordage. Non-seulement
vous avez sauvé votre équipage par vos habiles dispo-
sitions, mais vous n'avez consenti à vous séparer de
votre navire qu'au moment où il disparaissait, donnant
ainsi l'exemple du devoir le plus scrupuleusement et
le plus complétement accompli.

« L'admiration que l'escadre entière a éprouvée
pour votre conduite dans cette agonie de votre bâti-
ment, la sympathie que vos chefs et vos camarades
n'ont cessé de vous témoigner, traçaient du reste au
conseil la voie qu'il devait suivre ; il ne pouvait que
sanctionner le jugement anticipé de tous les marins.
Reprenez donc avec confiance votre place parmi nos
officiers.

« Quant à moi qui ai été votre chef, qui vous ai vu
à l'œuvre, qui connais vos qualités comme homme et
comme marin, il m'est particulièrement agréable de
vous rendre vo're arme, d'affirmer ainsi publiquement
que vous êtes digne de la porter, et que vous saurez
vous en servir, comme vous l'avez toujours fait, pour
votre honneur et celui de la marine. »

XXIX

INCENDIE ET EXPLOSION DU MAGENTA

Dans la nuit du samedi au dimanche 31 octobre
1875, un incendie se déclarait à bord du vaisseau
cuirassé *le Magenta*, portant le pavillon de l'amiral
Roze, commandant l'escadre d'évolutions de la Médi-
terranée. Malgré la promptitude des secours, le feu se
propageant rapidement atteignait bientôt la soute
à poudre et une explosion formidable couvrait la
rade de débris. L'équipage était heureusement pres-
que entièrement sauvé, grâce à la fermeté et au
sang-froid de l'amiral, dont nous reproduisons la
première dépêche au ministre de la marine :

« Toulon, 31 octobre, 6 heures du matin.

« J'ai la profonde douleur de vous annoncer que
le vaisseau *le Magenta* n'existe plus. Vers une heure
du matin un incendie, dont la cause m'est encore
inconnue, s'est révélé instantanément dans les soutes

de l'arrière par une épaisse fumée qui sortait des panneaux du faux-pont.

« Immédiatement les mesures les plus énergiques furent prises pour combattre le feu, en même temps qu'on prévenait les navires de la rade. Mais, malgré tous les moyens employés, les flammes envahirent l'arrière du vaisseau. Les robinets des soutes à poudre furent aussitôt ouverts. Bientôt l'on fut forcé d'évacuer le gaillard d'arrière. Dès lors toutes les mesures, malgré la plus extrême activité, furent reconnues impuissantes, et je dus songer à assurer le salut de l'équipage. Les embarcations furent amenées, et les hommes après avoir lutté pied à pied contre l'incendie, durent s'embarquer par le beaupré, les chaînes et les tangons.

« Dans cette circonstance ils ont montré le courage et le sang-froid que l'on devait attendre d'eux. Je ne quittai le *Magenta* que lorsque j'eus la certitude qu'il n'y avait plus d'espoir de sauver le vaisseau et que le dernier homme était embarqué. Vers trois heures et demie du matin, étant dans une baléinière à donner des ordres, j'eus la douleur d'assister à l'explosion du *Magenta*, causée par l'inflammation des poudres, qui sans doute n'avaient pas été complétement submergées. J'avais eu la précaution de faire éloigner tous les bâtiments environnants du foyer de l'incendie, et nous n'avons pas eu de nouveaux malheurs à déplorer. La cause d'un événement aussi subit et aussi fatal dans ses conséquences m'est encore inconnue. »

Au moment de l'explosion une pluie de feu, de

projectiles et de débris s'abattit sur la rade et sur la partie du rivage la plus voisine du vaisseau incendié. Une plaque de blindage, des chevilles en fer, des fragments de bois carbonisés, étaient projetés au delà de l'arsenal du Mourillon, sur le boulevard de la Rivière. Pas un bec de gaz ne restait allumé, et la ville était plongée dans la plus profonde obscurité. Un tronçon de bois enflammé, de deux et trois mètres de longueur, défonçait la toiture de la cale de *la Victorieuse*, dans les chantiers du Mourillon, et mettait le feu au pont du bâtiment. Le feu prenait également à la toiture de la cale de *l'Eclaireur*, mais ces commencements d'incendie étaient éteints presque aussitôt grâce à l'intelligente activité des pompiers de l'arsenal. Le bruit de l'explosion était entendu jusqu'à une distance de vingt à vingt-cinq kilomètres, et la gigantesque colonne de feu qu'elle lançait vers le ciel était aperçue en mer par le transport *la Creuse*, qui se dirigeait vers Toulon, à une distance de cinquante-deux milles.

L'amiral Penhoat, préfet maritime, s'était rendu en rade dans son canot. Tous les fonctionnaires étaient à leurs postes, et la marine, la troupe, la population, réunies sur le lieu du désastre, étaient prêtes à toutes les éventualités. Quand l'explosion eut lieu, la plupart des personnes les plus rapprochées, sur les quais, furent renversées.

Une commission d'enquête fut nommée par le ministre de la marine, et un conseil de guerre assemblé, suivant les prescriptions du code maritime, pour juger le capitaine de vaisseau Galiber, commandant le *Magenta*. Le rapport de la commission, après avoir écarté la question de malveillance, attribuait la cause première de l'incendie à l'inflammation par imprudence, dans l'un des caissons du coqueron, de matières telles que bougies, allumettes, chiffons gras, etc., et la rapide propagation du feu à la présence dans le caisson embrasé de paniers et de paille, et ensuite au voisinage des cloisons environnantes, en bois de sapin, recouvertes de peinture à l'huile. Mais, suivant l'opinion du rapporteur au conseil de guerre, aucune des suppositions formées au sujet du sinistre du *Magenta* ne pouvait engager la responsabilité du capitaine de ce bâtiment. Des témoignages unanimes constataient qu'il avait fait courageusement son devoir, et que la rapidité foudroyante de l'incendie avait seule arrêté l'exécution des sages mesures prises pour le combattre. « La perte du vaisseau *le Magenta*, disait le rapport, est bien réellement une défaite, mais elle est de celles que l'on ne saurait reprocher au vaincu. »

Les détails donnés par les témoins avaient fait ressortir le concours dévoué de l'équipage, de tous les officiers, encouragés dans l'accomplissement de leur devoir par le noble exemple de l'amiral et du commandant. Malheureusement six marins, noyés pour la plupart, avaient péri; mais près de huit cents hommes se trouvaient à bord, et le nombre des victimes était bien faible en comparaison de ce qu'il pouvait être.

Le conseil de guerre, à l'unanimité, a prononcé l'acquittement du commandant Galiber.

XXX

Le journal de l'Australie, *Inquirer and commer-
cial news*, a donné le récit suivant, reproduit par le
Journal officiel (30 mai 1877), d'un trait d'héroïsme
accompli par une jeune dame anglaise à Perth (Aus-
tralie occidentale) :

Dans le courant de janvier dernier, le steamer *Geor-
gette* fut jeté à la côte près de Perth. Une embarca-
tion fut mise à la mer pour opérer le sauvetage. Mais
la houle était si forte que, dès le premier coup de rame,
le canot chavira, et son équipage mit une heure à le
remettre à flot pour retourner au navire. Il s'y munit
d'une amarre en prenant à bord quelques femmes et
des enfants, et essaya de gagner le rivage pour y éta-
blir un va-et-vient qui pût faciliter le débarquement
des naufragés.

Le bateau, roulé encore par le ressac, se remplit et
tous ceux qui le montaient se débattaient dans l'eau

en grand danger, lorsque apparut sur le rivage une
jeune amazone. Il paraissait impossible qu'on pût des-
cendre à cheval la pente raide qui du point où se te-
nait l'écuyère menait à la mer. Mais la demoiselle,
miss Grâce Vernon Russel, la descendit sans hésiter.

Elle lança sa monture au milieu des flots qui se
brisaient sur les écueils, et réussit à atteindre le ca-
not, auquel se cramponnaient affolés les femmes et
les enfants. Elle prit le bout de l'amarre, et établit
elle-même le va-et-vient qui lui permit, en multipliant
ses voyages, de ramener à terre, femmes, enfants et
jusqu'au dernier homme. Après ce travail héroïque,
elle eut encore le courage de galoper jusqu'à la mai-
son de sa sœur, Mme Brockman, distante de douze
milles, afin d'y chercher des secours pour les mal-
heureux demi-noyés et demi-nus sur le bord de la
mer.

Sa sœur, à la nouvelle de ce malheur, monte à
cheval à son tour et, munie de provisions, va les porter
aux pauvres naufragés. Le lendemain on les condui-
sait à la maison de M. Brockman, à Busselton, où ils
furent l'objet des soins les plus empressés. Malheu-
reusement Mme Brockman avait pris froid dans sa
course vers le rivage, et elle mourut quelques jours
après d'une fièvre cérébrale. La « Société Royale hu-
maine » a décerné l'une de ses premières médailles à
sa courageuse sœur.

CONCLUSION

Après tant de tristes récits, qui nous ont montré les violences de la mer, et trop souvent l'impuissance des plus énergiques efforts pour y résister, nous devons maintenant rappeler comment le génie et la volonté humaine n'ont pas reculé devant ces terribles luttes, et par quelles conquêtes le marin, guidé par la science et secouru par tant de bienfaisants progrès, peut aujourd'hui traverser avec moins de périls les plus dangereux parages et les plus redoutables tempêtes.

Mais nous remonterons d'abord à la source de ces progrès, en indiquant le progrès si grand qui les domine tous, et qui doit rester malgré tout notre commune espérance au milieu des épreuves que nous traversons encore : le progrès de l'humanité.

Le jurisconsulte Valin rapporte que, dans certaines parties de l'Allemagne, on priait Dieu publiquement pour qu'il y eût beaucoup d'échouements sur les côtes. Le *Journal de Verdun* témoigne aussi de cette coutume impie; on lit dans ce journal (août 1721) : « Il s'était glissé un abus assez singulier dans les églises protestantes de l'électorat du Hanovre ; on y faisait des prières publiques, surtout dans les temps orageux et tempêtueux, pour demander au ciel que les marchandises et les autres effets des vaisseaux qui font naufrage dans l'Océan germanique fussent jetés sur les côtes de cet électorat plutôt qu'ailleurs, afin d'en pouvoir profiter. Le conseil chargé de la régence de cet État en l'absence du roi George, son souverain, a défendu, sous de rigoureuses peines, de continuer ces prières. »

En 1794, Cambry, dans son excellent livre sur la Bretagne, disait, en décrivant les grèves sauvages du district de Lesneven : « Les naufrages sont communs sur ces côtes. Ils entretiennent chez l'habitant un amour du pillage que rien n'a pu détruire ; il regarde comme un don du ciel tous les objets que la tempête et la mer peuvent apporter sur la côte. Il existe pourtant des familles qui ne participent jamais à ces vols ; qui se croiraient déshonorées si, quand la multitude court au rivage et va se partager la dépouille des naufragés, elles faisaient un pas pour y participer. »

M. Yan'Dargent, auteur d'un tableau : *les Pilleurs de mer à Guisseny*, reproduit par le *Magasin pittoresque*, écrivait au directeur de cet intéressant recueil : « Autrefois, entre Roskoff et le Conquet, et notamment vers Ploumeur, Guisseny et Kerlouan, les pilleurs de mer attachaient une lanterne sur la tête d'une vache, et, après avoir entraîné l'animal vers le rivage, ils le faisaient marcher la nuit sur les rochers battus par la tempête. Les oscillations de la lumière la faisant ressembler à celle d'un fanal de navire balancé par les vagues, les marins tourmentés au large se croyaient plus éloignés de la côte, et attirés par l'espoir, venaient échouer sur les récifs. Cette coutume barbare était très-ancienne en Bretagne, et remontait au temps des invasions normandes et anglo-saxonnes sur la péninsule armoricaine. »

Nous voyons dans les *Annales du sauvetage*[1] qu'aujourd'hui encore il existe sur les côtes d'Angleterre « toute une flottille de bateaux montés par des marins avides, rôdant sans cesse dans le voisinage des bancs pour épier les navires, les sauver de gré ou de force d'un péril parfois imaginaire, et rançonner ensuite les armateurs à la faveur d'une législation qui met ces derniers à leur discrétion.

« Ces hommes, leurs compatriotes les appellent *naufrageurs*, et c'est leur véritable nom. Jadis ils attendaient à la côte les épaves que la tempête y poussait ; maintenant, ils vont les chercher en mer. Le mal est arrivé à un tel excès, que l'opinion publique s'émeut ; le gouvernement français est assailli de plaintes élevées par ses nationaux ; les armateurs

_____
[1] Mars 1867. — Février 1870.

Les pilleurs de mer.

français eux-mêmes sont souvent victimes d'extorsions et de violences. Dernièrement, les assureurs de la place de Paris, voulant appuyer les démarches faites par une association anglaise, en vue de faire cesser ces actes odieux, ont publié et répandu une note dans laquelle ils les dénoncent en termes énergiques. »

Hâtons-nous d'ajouter que les grands services rendus aux naufragés par les institutions de sauvetage de la Grande-Bretagne, et la formation des brigades de sauveteurs volontaires qui ont surgi dans ces dernières années sur tous les points du littoral, témoignent assez du dévouement et du désintéressement, des sentiments d'humanité du peuple anglais, au sein duquel le comité qui s'est constitué pour arrêter les odieuses spéculations des naufrageurs, appuyé par l'établissement des cours locales d'Amirauté, réussira certainement à faire justice de ces instincts de déprédation et de piraterie, derniers vestiges d'un autre âge.

Nous n'avons pas à faire ici l'histoire des Sociétés de sauvetage des naufragés, qui ont eu leur berceau en Angleterre, et dont nous avons rappelé ailleurs[1] l'origine et les récents progrès. Il nous suffira de dire qu'en France la Société centrale, fondée en 1865 sous la présidence de l'amiral Rigault de Genouilly, ministre de la marine, a établi déjà cinquante stations de canots de sauvetage et trois cent quarante postes de porte-amarres. Le nombre des personnes sauvées avec

____

[1] *Les Tempêtes*, 4ᵉ édition.

les engins de la Société s'est élevé à plus de douze cents, et le total des navires sauvés ou secourus à trois cent quatre-vingts. Jusqu'ici, les sympathies n'ont pas fait défaut à cette Société, qui a pu dépenser des sommes considérables pour l'achat et l'entretien de son matériel. Mais les ressources actuelles sont loin de suffire encore à tous les besoins, et le Conseil sollicite avec instances le concours des personnes bienfaisantes pour achever la tâche qu'il a entreprise.

Les *Annales du sauvetage maritime*, excellent recueil publié par la Société, contient les faits de nature à instruire les navigateurs, les découvertes, les inventions susceptibles d'augmenter leur sécurité. Il relate aussi les traits de courage de nos marins, les dangers auxquels ils se sont volontairement exposés, le sang-froid, l'habileté dont ils ont fait preuve, et contribue ainsi à développer parmi leurs camarades « cette folie du dévouement dont chacun d'eux possède le germe, et qui suscite sur les côtes des populations de héros. »

Son Ém. le cardinal de Bonnechose, dans son éloquent discours à l'Assemblée générale du 8 avril 1875, dont il était le président, disait :

« .... Lorsque vos agents aperçoivent au loin un navire en détresse et entendent son canon d'alarme, demandent-ils s'il est français, italien, allemand, chrétien, juif ou mahométan ? Non, sans doute : il suffit à vos intrépides sauveteurs, pour s'élancer à son appel sur les vagues en furie, de savoir qu'à son bord il y a des hommes et des hommes en danger.

Alors, rien ne leur coûte, rien ne les arrête. Ni les mugissements de la tempête, ni les flots blanchis d'écume, ni les abîmes entr'ouverts, ni la sinistre lueur des éclairs sillonnant les ténèbres de la nuit, ni les gémissements et les angoisses de leurs femmes et de leurs enfants en pleurs sur le rivage, ne peuvent enchaîner le dévouement de ces braves marins. Une voix pour eux domine toutes les autres : c'est celle du devoir, c'est le cri du cœur : « Sauvons nos frères ! »

Dans le rapport annuel présenté à l'Assemblée général du *National Life Boat Institution*, tenue à Londres le 15 mars 1870 sous la présidence du duc de Northumberland, nous voyons que le nombre des canots de sauvetage entretenus par cette puissante institution est de 240, qui n'ont pas sauvé moins de 571 personnes dans le courant de l'année où les coups de vent se sont produits avec une violence exceptionnelle et ont causé de nombreux sinistres. « Quelques-uns de ces sauvetages, dit le rapport, se sont accomplis pendant le jour, au milieu de véritables ouragans, d'autres pendant l'obscurité des nuits orageuses sillonnées d'éclairs. Mais le résultat de toutes les sorties était le même : une cargaison humaine arrachée des dangers et ramenée au port; et ces immenses services se sont accomplis sans accident; pas un de nos braves et héroïques sauveteurs n'a payé de sa vie son dévouement, et pourtant le danger était parfois si effrayant, que la vue de malheureux luttant contre la mort pouvait seule le faire affronter. »

Le nombre des personnes sauvées par le concours

de la Société des *life-boats*, depuis sa fondation en 1824 jusqu'au 31 décembre 1869, s'élève à 19,080. Durant cette période, il a été dépensé pour l'établissement de *life-boats* ou d'autres moyens de secours, six millions ; on a distribué, en outre, 90 médailles d'or, 814 médailles d'argent et des récompenses pécuniaires pour 807,500 fr. Les recettes totales se sont élevées en 1869 à 1,010,200 fr. Les legs reçus par l'institution pendant cette même année montent à 472,900 fr. ; l'un deux atteint le chiffre de 250,000 fr. Le capital de la Société est actuellement de 2 millions. Les dépenses en 1869 ont atteint 755,000 fr. En présence de ces chiffres, il est impossible de ne pas admirer la grandeur des résultats obtenus et de ne pas espérer voir s'étendre aussi et se perpétuer une œuvre si féconde chez les nations maritimes, qui presque toutes, depuis l'exemple donné par l'Angleterre, où le premier *life-boat* fut construit en 1789, ont institué des sociétés de sauvetage.

L'utilité de ces sociétés est évidente ; mais pour la faire mieux apprécier encore et montrer la nécessité de leur développement, nous n'aurons qu'à citer les chiffres suivants publiés par le Lloyd anglais dans sa *Statistique générale des naufrages :* en 1866, le nombre total des sinistres parvenus à la connaissance du Lloyd s'élevait à 11,711 ; en 1867, à 12,513, et en 1868, à 12,111. Sur ce dernier nombre 1,909 bâtiments ont été complétement perdus. Les équipages de 42 d'entre eux ont péri et le Lloyd a enregistré en outre la perte de 1,995 personnes. Le bulletin de la statistique des sinistres maritimes du mois de mars 1872 constate que le nombre des navires à voiles perdus totalement, pendant ce mois, s'est élevé à 239, et le nombre des navires à vapeur également perdus pendant la même période, à 25. Ces documents parlent assez haut pour accroître incessamment le nombre des personnes généreuses dont la libéralité permet aux sociétés de sauvetage de diminuer, par tous les moyens possibles, le nombre des victimes que font les naufrages.

C'est dans ces dernières années que le canot de sauvetage, successivement perfectionné, est arrivé à produire les excellents résultats que nous avons signalés. Des espaces remplis d'air maintiennent cette embarcation à flot, alors même qu'elle est submergée par une lame. Une disposition spéciale permet à l'eau embarquée de s'écouler en quelques secondes ; enfin elle ne peut rester chavirée et se retourne immédiatement lorsqu'elle est roulée par la mer ou couchée par la force du vent.

En France, la Société centrale a publié un *Manuel du sauvetage maritime*[1] dont le but est ainsi indiqué dans l'introduction : « Après avoir demandé et obtenu que l'étude des moyens de sauvetage fît partie désormais des connaissances exigées de tout marin autorisé à commander un navire, la Société centrale ne pouvait se dispenser de réunir dans une sorte de

---

[1] En vente au siége de la *Société centrale de sauvetage des naufragés*, rue de Grenelle, 59, à Paris.

traité les éléments de cette branche nouvelle de l'art
naval.

« Dans cet exposé, on s'est attaché principalement
à donner des notions générales et théoriques sur cha-
que espèce d'appareils, en y joignant la description et
le mode d'emploi de ceux qui, étant les plus répan-
dus, peuvent être considérés comme des types. On a
suivi d'ailleurs l'ordre du programme formulé par le
ministre de la marine.

« Le manuel proprement dit est suivi de deux do-
cuments qu'il est utile pour un marin d'avoir con-
stamment sous la main. Le premier est un question-
naire rédigé par le ministère de la marine sur les
règlements relatifs à l'éclairage des navires et aux
manœuvres à faire pour éviter les abordages; le
second est la liste des stations et des postes de sau-
vetage établis actuellement sur les côtes de l'ancien
et du nouveau monde. »

— « C'est avec une vive satisfaction, disait à ce
sujet le journal anglais le *Life-Boat*, que nous consta-
tons les progrès rapides et incessants de la Société
française de sauvetage et les services chaque année
plus nombreux que rend cette institution... Un des
résultats les plus considérables qu'elle ait obtenus est
sans contredit l'obligation imposée désormais à tous
les capitaines français, lors de leurs examens, de jus-
tifier de leurs connaissances relatives au sauvetage des
naufragés.

« Ce serait un grand bienfait (*a great blessing*) si
les marins de toutes les nations maritimes étaient fa-

miliarisés avec les sujets qui viennent d'être indiqués. Cela assurerait le salut de bien des centaines de personnes qui périssent sur mer par la faute des équipages ignorant les moyens de salut les plus élémentaires ou négligeant de les employer. »

Canot de sauvetage.

En Angleterre et aux États-Unis, l'usage des embarcations de sauvetage est obligatoire pour certaines catégories de navires. Ces embarcations, destinées à assurer le salut de l'équipage et des passagers en cas de sinistre, peuvent aussi être très-utiles dans les circonstances ordinaires de la navigation et il est bien à désirer qu'en l'absence de règlement, les armateurs français en fournissent à leurs bâtiments au moins une ou deux, suivant le tonnage. De solides radeaux de sauvetage, dont le *Manuel* donne la description, peuvent aussi être rapidement construits sur les navires en péril.

Un appareil essentiel que l'on trouve dans les stations établies par la Société centrale et qu'elle n'a cessé de recommander, la ceinture de sauvetage, devrait faire partie du bagage de tout marin. On se rappelle le naufrage du paquebot *le Général-Abbatucci*, qui, après un abordage, dans la nuit du 7 mai 1869, sombra à petite distance des côtes d'Italie, entraînant dans l'abîme la plus grande partie de son équipage et de ses passagers. A la suite de ce naufrage, l'amiral Rigault de Genouilly adressait aux chambres de commerce des ports, au nom de la Société centrale, une lettre dans laquelle il appelait leur attention sur l'utilité que présenterait l'embarquement de ceintures de sauvetage à bord, soit pour prévenir les accidents auxquels sont fréquemment exposés les marins, soit pour assurer au besoin à l'équipage et aux passagers un précieux moyen de salut. L'amiral rappelait que lors de l'incendie du paquebot hambourgeois.*l'Austria*[1], en 1858, quatre cent quatre-vingt-trois personnes ont péri en vue du trois-mâts *le Maurice*, de Nantes, qui s'approchait pour les recueillir. Au mo-

---

[1] On trouvera l'émouvante relation de cet incendie dans le très-intéressant ouvrage de M. Levet, conservateur de la bibliothèque du port de Brest : *Récits de naufrages, incendies, tempêtes et autres événements de mer.*

ment suprême où s'engloutit *le Général-Abbatucci*, le jour s'était levé et deux bâtiments étaient en vue ve nant au secours des naufragés, qui auraient été sauvés s'ils avaient pu se maintenir quelque temps à flot. La dépense de ceintures de sauvetage est peu élevée, et, depuis quelques années déjà, la Société centrale a offert, en vue d'en propager l'usage, de les céder au prix coûtant, c'est-à-dire à 6 fr. 50, à toute personne qui lui en ferait la demande. Aux États-Unis, la loi oblige, sous des peines sévères, les armateurs à pourvoir leurs navires de ceintures de sauvetage en nombre égal à celui des passagers. En Angleterre, toutes les grandes compagnies de paquebots ont adopté spontanément cette mesure. Il en est de même en France pour la Compagnie des Messageries Impériales et pour la Compagnie générale Transatlantique. Les *Annales du sauvetage* donnent aussi d'intéressants renseignements sur les matelas de hamac insubmersibles, en liége, adoptés dans la marine russe, et qui seraient une très-utile acquisition pour toutes les marines, non-seulement au point de vue des naufrages, mais encore à cause des grandes chances que courent maintenant les navires de guerre de couler rapidement avec tout ce qu'ils ont à bord, par suite de l'usage des torpilles et des béliers à vapeur.

Le *Manuel* renferme une très-utile instruction, reproduite sur une feuille à part distribuée dans tous nos ports, pour l'établissement d'un va-et-vient entre la terre et un navire naufragé. Une ligne attachée à

un boulet ou à une fusée est lancée de manière à pas-
ser autant que possible entre les mâts du navire; au
moyen de cette ligne, un cordage plus fort est ensuite
roidi et sert au transport des naufragés. Les bâtiments
qui portent des petits canons peuvent facilement les
transformer en porte-amarres. On peut aussi employer
les forces de la mer et du vent, avec des flotteurs ou
un cerf-volant, pour établir le va-et-vient. De nom-
breux postes de porte-amarres, munis de bouches à
feu, de fusils de rempart, de mousquetons, ou sim-
plement de cordes et de ceintures, ont été établis sur
les points les plus dangereux des côtes maritimes par
les soins des Sociétés de sauvetage. Au début de la
dernière guerre, une circulaire de l'amiral présidant
la Société centrale, aux comités du littoral, faisait ap-
pel au dévouement de toutes nos stations de sauve-
tage; pour le cas où un combat naval viendrait à être
livré dans leurs parages. « Dans ce cas, disait l'ami-
ral, le canot de sauvetage serait mis à la mer et armé,
prêt à recueillir, sans distinction de nationalité, les
équipages dont les bâtiments sombreraient dans la
lutte. Il porterait à l'arrière le pavillon national, et à
l'avant le pavillon hospitalier blanc à croix rouge,
conformément aux stipulations de la convention de
Genève. »

La ceinture de phares et de balises qui garnit au-
jourd'hui les côtes contribue puissamment à diminuer
les naufrages. On ne se borne pas à placer des feux
aux entrées des ports et près des embouchures des
fleuves; la plupart des grands caps et les parages se-

més d'écueils en ont été pourvus. Les points les plus caractéristiques du littoral ont reçu les appareils de plus grande portée, tandis que les ports et les embouchures ne possèdent que des signaux d'importance secondaire. On est arrivé, particulièrement en France et

Station de porte-amarres.

en Angleterre, à un système d'éclairage tel qu'il est impossible aux navigateurs d'approcher des côtes sans avoir au moins un feu en vue tant que l'atmosphère n'est pas embrumée.

Afin d'éviter les méprises auxquelles pourraient exposer des feux si multipliés, il a fallu en diversifier assez le caractère pour que dans le cas de la répétition

d'un même genre d'appareils, il y eût entre eux un
éloignement beaucoup plus grand que la limite des
erreurs possibles dans le calcul de la position du na-
vire. Les édifices consacrés aux phares sont souvent
des monuments remarquables par leur élégante soli-
dité et par leur ingénieuse construction. Un de nos
plus anciens phares, celui de Cordouan, qui s'élève à
l'embouchure de la Gironde sur un rocher couvert de
trois mètres d'eau à haute mer, est encore cité parmi
les plus beaux et les plus majestueux.

Les difficultés à vaincre pour élever les phares en
pleine mer sont souvent très-grandes, et l'art de l'in-
génieur a accompli de remarquables progrès sous ce
rapport. Un juste tribut de reconnaissance est dû par
les navigateurs à ceux qui ont pris part à ces con-
structions avec le calme et persévérant courage qu'elles
exigent. Nous citerons à ce sujet le phare des Héaux[1]
de Bréhat, situé près du cap le plus septentrional de
la presqu'île bretonne. Le plateau des Héaux, choisi
par l'ingénieur à 5 kilomètres du cap, avait 500
mètres de diamètre à marée basse, mais il était en-
tièrement submergé à mer haute, sauf quelques rares
aiguilles. Ces parages sont sillonnés par de très-forts
courants de marées, et quand l'agitation de la mer
s'y joint, les vagues sont d'une violence extrême.
On dut consacrer deux ans à la construction de l'édi-
fice, après une campagne d'une année employée en
préparatifs.

[1] *Mémoire sur l'éclairage et le balisage des côtes de France,* par
L. Reynaud, inspecteur des ponts et chaussées.

Nous citerons encore le phare construit sur la chaussée de Sein, longue ligne de récifs signalée par tant de naufrages. La roche d'Ar-Men, choisie pour servir de base à la construction, mesure de sept à huit mètres de large sur quinze mètres de long, au niveau des plus basses mers. Elle est tellement balayée par le ressac, que même par un beau temps on ne peut l'accoster qu'avec difficulté. Pour arriver à y asseoir la maçonnerie, il fallait sceller dans la pierre une série de barres de fer s'élevant verticalement d'un mètre environ. Les vaillants pêcheurs de l'île de Sein commencèrent ce travail. Ils guettaient les rares instants où l'état de la mer permettait d'attaquer la roche avec les instruments dont on leur avait appris l'usage. Quand la vague les emportait, ils se soutenaient à l'aide de la ceinture de sauvetage jusqu'au moment où un bateau pouvait les recueillir. Marins et ouvriers étaient admirables de courage et de persévérance.

Le phare doit être à huit étages, ayant ensemble trente mètres de hauteur et portant un feu de premier ordre. La commission des récompenses de l'Exposition universelle de Vienne a accordé une médaille aux constructeurs du phare d'Ar-Men. Ce monument fait le plus grand honneur à l'administration des ponts et chaussées, qui aura accompli un travail gigantesque avec le vaillant concours de nos ouvriers marins.

L'un des étages du phare doit recevoir une trompette à air comprimé, semblable à celle établie en 1867 sur l'extrémité de l'île d'Ouessant. L'air qui la fait ré-

sonner est comprimé dans un réservoir en tôle par
deux pompes à vapeur. La machine qui met ces pompes
en mouvement fait tourner la trompette, de manière
à la diriger successivement vers tous les points de
l'horizon.

Le balisage se compose d'amers construits en ma-
çonnerie ou en charpente, et peints de couleurs qui
contrastent avec les lieux environnants, — de balises
constituées soit par des tourelles maçonnées, soit par
des tiges de bois ou de fer ayant un ballon à leur ex-
trémité, — de flotteurs à cloches que les oscillations
incessantes de la mer mettent en mouvement, — en-
fin de bouées, qui sont souvent garnies de voyants
propres à réfléchir la lumière.

Les signaux à faire en temps de brume sont très-
importants pour indiquer aux navigateurs l'entrée
d'un port ou la position d'un danger. On emploie en
Angleterre des tam-tam à bord de la plupart des
bateaux à feux flottants; mais ces instruments ne
portent guère qu'à 500 mètres, tandis que les sons
de la trompette inventée en France, dont l'usage
paraît se propager, sont perçus à plus de 2 kilo-
mètres de distance. Le plus souvent, on se sert de
cloches dont on varie les sonneries, afin d'indiquer
les différentes stations. L'expérience montre qu'une
cloche du poids de 100 kilogrammes, qui est le plus
généralement employée, se fait entendre par bonne
brise à 1,200 mètres quand le vent est debout, à
2,000 mètres par vent de travers, et par calme ou
faible brise à 2,500 mètres.

Un grand nombre de naufrages, par suite d'aborda-
ges de nuit entre des navires, ont eu lieu récemment,
et ces rencontres se sont surtout multipliées entre les
bâtiments à vapeur. L'emploi de feux de bord et de
règles pour la manœuvre récemment adoptées dans
une convention internationale peuvent conjurer ce
danger. Mais ces règles ont l'inconvénient de laisser
peser la responsabilité sur un seul des bâtiments, et
on a cherché une solution dans des manœuvres si-
multanées propres à écarter les navires. Il faudrait,
pour exécuter ces manœuvres avec la rapidité qui en
assurerait presque toujours le succès, qu'un système
d'éclairage approprié permît à chacun des na-
vires de bien connaître la route de l'autre. Aux fa-
naux directement placés à bord dans ce but on peut
ajouter les avertissements donnés par des coups de
sifflet.

Dans les parages très-fréquentés par des navires sui-
vant des routes directement opposées, le nombre des
abordages pourrait être considérablement diminué si
l'on convenait, comme l'a proposé le commandant
Maury dans ses *Instructions nautiques*, de routes spé-
ciales pour les navires qui marchent en sens contraire.

Nous avons encore à mentionner les avis télégra-
phiques du temps, qui mettent les navires en garde
contre les tempêtes prochaines, et qui leur sont trans-
mis par les sémaphores établis sur les principaux
points des côtes maritimes. En Angleterre, le Bureau
météorologique, dont le siége est à Londres, avertit
les ports et les stations de pêche des mauvais temps

probables qui menacent les îles Britanniques[1]. Aussi-
tôt après la réception de ces avertissements, on les fait
connaître au moyen d'un cylindre hissé au haut d'un
mât où on le laisse en vue pendant trente-six heures
au plus. Ce cylindre, qui mesure un mètre au moins
de côté, a l'apparence d'un carré noir, facile à distin-
guer. Son apparition ne donne pas la certitude du
vent ou du temps à venir; elle indique seulement
qu'il existe quelque part une perturbation atmosphé-
rique pouvant atteindre le lieu où le signal est hissé,
indication dont l'utilité est évidente. Ce système d'a-
vertissement ne concerne que les grandes perturba-
tions de l'atmosphère. Les changements locaux, d'une
moindre étendue, sont indiqués aux observateurs par
les instruments météorologiques et par les signes du
temps connus dans le lieu même. Une étude régulière
des bulletins publiés chaque jour dans les journaux de
Londres par le Bureau météorologique, bulletins qui
font connaître le temps régnant dans d'autres stations,
est très-utile pour la prévision des variations atmos-
phériques. Ce bulletin journalier est envoyé sans frais
dans tous les ports dont les autorités prennent l'enga-
gement de le publier sitôt réception. Le *Manuel
barométrique*, que nous venons de citer, contient
d'ailleurs les instructions les plus précises pour pré-
voir, d'après les indications des instruments et les
pronostics tirés de l'état du ciel, les changements pro-

---

[1] Nous empruntons les détails qui suivent au *Manuel barométrique*
rédigé sous la direction du comité météorologique de Londres, par
M. Robert H. Scott, directeur du bureau météorologique (Londres, 1869).

bables du temps. Ces instruments, baromètre, ther-
momètre et hygromètre, sont installés, par les soins
du Bureau météorologique, sur les principaux points
des côtes d'Angleterre, et consultés avec grand profit,
comme le constate l'expérience de ces dernières an-
nées, par les marins et les pêcheurs. Nous avons donné
de plus amples détails à ce sujet dans un résumé des
progrès de la météorologie pratique[1].

En moyenne, sur 250 dépêches annuelles télégra-
phiées par le Bureau météorologique de Londres aux
différents points des côtes du Royaume-Uni, et portant
avertissement de hisser les signaux de tempête, 45
pour 100 ont été justifiées par la tempête qui a suivi;
dans 34 pour 100 des cas, elles ont été justifiées par
de forts vents ne s'élevant pas jusqu'à la tempête; 4
pour 100 des dépêches sont arrivées trop tard; 17
pour 100 n'ont pas été justifiées par l'événement.

Le nombre des stations météorologiques existant aux
États-Unis s'élève à près de cent cinquante. Elles sont
distribuées de manière à représenter le mieux possible
toutes les situations locales. Les observations s'y font
aux mêmes heures, en suivant les instructions du
Bureau central de Washington, auquel les résultats
sont transmis. Les transmissions s'opèrent avec une
telle rapidité qu'une heure après le moment où l'ob-
servation a été faite, une station quelconque connaît
les données de toutes les autres. Ces documents, arri-
vés dans chaque station, sont résumés en un tableau

---

[1] *Les Météores*, 4ᵉ édition.

numérique et une carte, qui sont affichés à la porte
de la station météorologique, à la chambre de com-
merce, et en général dans tous les points où ils peu-
vent parvenir le plus promptement possible à la con-
naissance du public.

La somme votée annuellement par le congrès, pour
le service de la prévision du temps, monte à un million
deux cent cinquante mille francs, chiffre qui dit assez
les résultats pratiques déjà obtenus.

En France, un Bureau météorologique établi au
ministère de la marine transmet électriquement les
avis de tempêtes aux préfets maritimes et aux autori-
tés des principaux ports de la partie des côtes mena-
cée. Ces avis sont ensuite reçus par tous les sémapho-
res de l'arrondissement, qui les font connaître au large
par leurs signaux, et en informent par le télégraphe
les ports situés hors de vue. A la réception du télé-
gramme, chaque port ou sémaphore hisse le cylindre
pour trente-six heures et affiche le texte explicatif. Les
sémaphores annoncent aux pêcheurs, matin et soir,
et chaque fois qu'il y a lieu dans la journée, le temps
qu'il fait au large, au moyen d'un petit nombre de si-
gnaux faciles à distinguer.

Il y a des ports, dont il faudrait augmenter le nom-
bre, où un baromètre est installé de manière à pouvoir
être consulté par le public. On affiche à côté de cet in-
strument : l'état général de l'atmosphère, transmis par
un télégramme de l'Observatoire de Paris, et rédigé
d'après les données du service météorologique inter-
national ; — l'état du temps et de la mer dans les prin-

cipaux ports voisins, donné par les sémaphores, ren-
seignements très-utiles aux marins qui savent les con-
sulter.

Les dispositions générales que nous venons de citer
permettent de porter aussi à la connaissance des po-
pulations maritimes de France les avis de tempête en-
voyés par le Bureau météorologique de Londres.

En traçant aux navigateurs des routes plus sûres et
plus rapides, en leur faisant connaître les lois qui pré-
sident au mouvement des plus redoutables tempêtes,
les beaux travaux de Maury, de Piddington[1] et d'au-
tres éminents météorologistes, ont diminué les périls
de la mer et le nombre des naufrages. Au milieu des
ouragans, sur le passage des formidables cyclones qui
soulèvent la mer en vagues monstrueuses, le marin,
éclairé par la science, peut maintenant diriger son
navire avec l'espoir fondé d'échapper aux dangers qui
viennent l'assaillir. Dans le voisinage des côtes, près
des écueils qui accroissent et multiplient ces dangers,
il trouve encore des guides qui l'aident à les conjurer
ou des secours qui l'entourent s'il y succombe. Le pa-
villon des sémaphores, qui flotte parfois près des an-
ciens sanctuaires dédiés aux dieux sauveurs, l'écla-
tante lumière des phares, au milieu des nuits d'orage,
lui disent qu'il n'est plus seul dans sa vaillante lutte
contre les éléments et qu'avec lui combat l'humanité.
Noble et touchant progrès de la civilisation, belles
conquêtes de la science, qui doivent aussi affermir

---

[1] *Géographie physique et météorologie de la mer. — Les lois
des tempêtes.*

notre espoir et nous encourager, dans les jours d'é-
preuve, à lutter contre le mal, et à poursuivre avec
une énergique confiance notre lente marche vers
l'avenir de paix et de concorde qu'appellent la beauté
de nos croyances, la grandeur de nos aspirations, et
la puissance du génie dont les victorieux efforts sou-
mettent la nature à notre bienfaisante domination.

20

TABLE DES MATIÈRES

/.

Typographie Lahure, rue de Fleurus, 9, à Paris.